Gestão Estratégica de EMBALAGEM

Uma Ferramenta de Competitividade para sua Empresa

Fabio Mestriner

Gestão Estratégica de EMBALAGEM

Uma Ferramenta de Competitividade para sua Empresa

Fabio Mestriner

Pearson

São Paulo

Brasil Argentina Colômbia Costa Rica Chile Espanha
Guatemala México Peru Porto Rico Venezuela

Crédito das imagens
Todas as imagens desta obra pertencem ao acervo do autor e foram utilizadas para ilustrar os conceitos didáticos do livro. As fotos são de sua autoria e foram feitas a partir de embalagens adquiridas no mercado ou retiradas de material de divulgação da World Packaging Organisation (WPO). Algumas embalagens pertencem ao seu portfólio e foram desenhadas sob sua direção pelas diversas equipes que comandou.

Gerente editorial: Roger Trimer
Editora sênior: Sabrina Cairo
Editora de desenvolvimento: Josie Rogero
Editora de texto: Arlete Sousa
Preparação: Marilu Tasseto
Revisão: Paula Brandão Perez Mendes e Andressa Bezerra da Silva
Capa: Rafael Mazzo (a partir de ilustrações do autor)
Projeto gráfico: Daniel Rampazzo/Casa de Idéias
Diagramação: Luiza de la Vega/Casa de Idéias

Dados Internacionais de Catalogação na Publicação (CIP)
(Câmara Brasileira do Livro, SP, Brasil)

Mestriner, Fabio
Gestão estratégica de embalagem / Fabio Mestriner. -- São Paulo : Pearson Prentice Hall, 2007.

Bibliografia
ISBN 978-85-7605-130-5

1. Materiais de embalagem 2. Materiais de embalagem - Administração I. Título.

07-8758 CDD-658.564

Índice para catálogo sistemático:
1. Materiais para embalagem : Administração 658.564

Direitos exclusivos cedidos à
Pearson Education do Brasil Ltda.,
uma empresa do grupo Pearson Education
Avenida Francisco Matarazzo, 1400
Torre Milano - 7o andar
CEP: 05033-070 -São Paulo-SP-Brasil
Telefone 19 3743-2155
pearsonuniversidades@pearson.com

Distribuição
Grupo A Educação
www.grupoa.com.br
Fone: 0800 703 3444

FSC
www.fsc.org
MISTO
Papel produzido a partir de fontes responsáveis
FSC® C057341

À minha mulher, Ana.
O tempo confirma aquilo que é verdadeiro.

SUMÁRIO

PREFÁCIO

Um dos aspectos mais intrigantes da transformação pela qual passa a sociedade contemporânea é o comportamento do consumidor no ato da compra. Se antes eram as necessidades que orientavam nossas escolhas, hoje a opção entre um produto ou outro vai muito além do racional. A emoção, amplificada pela ação dos cinco sentidos, passou a ser um elemento central da nova liturgia. Nos templos do consumo, não basta mais entoar as velhas ladainhas atreladas à lógica do convencimento. Agora, é preciso encantar!

Mas como fazer isso? A resposta não é simples. Se por um lado as empresas nunca dispuseram de um arsenal de marketing tão diversificado para atingir o mercado-alvo, por outro a complexidade do novo processo de compra acaba turvando a mira dos gestores. É preciso usar da criatividade para não sucumbir. E é no *front* do varejo, uma das arenas de comunicação com o mercado, que se trava um dos combates mais intensos contra o lugar-comum.

Convido o leitor a fazer uma experiência: entre em uma loja, e você verá que não adianta tentar escapar. Basta um olhar em qualquer direção e elas estarão lá. Discretas em alguns casos e exuberantes em outros, as embalagens vêm conquistando importantes espaços além-gôndola. As outrora desprezadas latinhas, caixinhas de papel e sacos plásticos ganharam uma missão que transcende a função básica de preservação do conteúdo: a de comunicar e vender! As empresas perceberam que esse 'novo canal' é capaz de atrair a atenção do cliente por meio de suas formas, cores, odores e texturas. Vislumbrou-se que, se corretamente trabalhada, a embalagem pode definir uma compra, gerar *awareness* da marca e, num estágio mais avançado, fidelizar o consumidor. O que é isso senão encantamento?

Esse fato até pode parecer uma daquelas obras do acaso. Mas não nos enganemos. Mesmo que muitos fiquem impressionados com a agilidade de algumas indústrias em transformar embalagens em elementos 'mercadologicamente inteligentes', os números evidenciam que essa não é uma iniciativa isolada. Segundo a Associação Brasileira de Embalagem (Abre), esse setor no Brasil já alcançou um padrão mundial. Das vinte maiores indústrias do globo, dezoito delas têm plantas em território nacional e fabricam suas prórpias embalagens. Fruto desse complexo fabril, o país já exporta para os cinco continentes e fatura, anualmente, dezenas de bilhões de dólares. Em termos qualitativos, conquistamos freqüentemente vários prêmios internacionais, incluindo o World Star, da World Packaging Organisation, considerado o Oscar do setor. Como se isso tudo não bastasse, essa indústria ainda responde por 170 mil empregos diretos dentro de nossas fronteiras.

A chave desse grande sucesso está na combinação ótima entre talento, persistência e capacidade de realização dos nossos profissionais. Se hoje o país colhe os belos frutos desse trabalho é porque, em algum momento do passado, empreenderam-se vigorosos esforços nesse sentido. E no rol dessas ilustres personalidades, não tenho dúvida, há lugar de destaque para o professor Fabio Mestriner. Designer consagrado pelo mercado empresarial, empreendedor nato e incansável presidente quando à frente da Abre, hoje ele se dedica integralmente à formação das novas gerações de profissionais, seja em sala de aula ou na produção de material bibliográfico de primeira linha. É nesse contexto que tenho a honra e o privilégio de apresentar o terceiro livro do professor Mestriner.

Esta obra, sem nenhum precedente, tem como objetivo maior apresentar uma nova metodologia para a gestão do Sistema de Embalagem nas empresas (Inteligência de Embalagem®). Destinado aos profissionais de alta e média gerências que lidam com a embalagem e seus desdobramentos inter e intra-organizacionais, o livro também pode ser utilizado por outras pessoas que queiram adquirir uma nova visão sobre o assunto. Designers e profissionais da comunicação e do marketing serão muito bem-vindos a esse universo.

De maneira geral, o texto está estruturado em quatro partes. A primeira trata dos conceitos referentes à metodologia (o que é, como surgiu, para que serve e como se aplica). A segunda parte apresenta os elementos que constituem o Sistema de Embalagem e descreve como eles interagem entre si. A parte três apresenta os subprogramas e detalha a metodologia para a gestão do Sistema de Embalagem e a parte quatro traz casos ilustrativos, além de propor um exercício prático, com o respectivo briefing para aqueles que queiram realizar um projeto aplicado. As recomendações finais e as referências bibliográficas também estão contidas nessa parte.

Por fim, vale destacar que a grande contribuição desta obra é a visão inovadora sobre a função estratégica da embalagem para os negócios de uma empresa. A partir dela, propõe-se a utilização integral do Sistema de Embalagem como instrumento de competitividade, em vez de relegá-lo a um segundo plano como mais um adendo operacional das organizações. Em outras palavras, um mal necessário.

Como se vê, caro leitor, a área de embalagem é um campo fértil em oportunidades de crescimento profissional, e as ferramentas já estão disponíveis para aqueles que almejam fazer a diferença. Assim como o autor, eu também faço votos de que os ensinamentos aqui escritos tragam ainda mais desenvolvimento e prosperidade ao nosso Brasil.

Boa leitura e mãos à obra!

Prof. Dr. Richard Rigobert Lucht
Diretor acadêmico de pós-graduação da ESPM-SP

APRESENTAÇÃO

Inteligência de Embalagem®: um novo conceito de gestão estratégica do sistema das empresas.

A embalagem que encontramos no mercado e adquirimos como consumidores é resultado de um sistema complexo, multidisciplinar, que envolve diversas áreas de uma empresa e grande rede de interfaces, processos e operações. Gerir esse sistema, a fim de se obter o máximo de contribuição ao resultado da empresa, é tarefa que exige profissionais especializados e metodologia específica que lhes permita operar com eficiência.

Todos sabem da importância da embalagem para as empresas que atuam no segmento de consumo e reconhecem sua contribuição decisiva para a competitividade dos produtos no ponto-de-vendas. Graças aos estudos e pesquisas realizados por empresas e instituições, sabemos que hoje o consumidor não separa nem faz distinção entre a embalagem e seu conteúdo. Para ele, os dois constituem uma única entidade indivisível. Esse mesmo consumidor considera a embalagem um item de referência e avaliação cada vez mais relevante no processo de escolha dos produtos.

Sabemos também que, no Brasil, 83% das decisões de compra são tomadas no ponto-de-venda, e a embalagem é a mediadora desse processo. Além disso, mais de 90% dos produtos vendidos em um supermercado não têm apoio de marketing e comunicação, dependendo, para sua sobrevivência, única e exclusivamente de sua embalagem.

Poderíamos listar aqui uma infinidade de dados que apontam para a importância crescente da embalagem no processo de distribuição e comercialização dos produtos, mas acreditamos não ser necessário, pois estão bastante difundidos e são do conhecimento de todos que atuam na área.

Assim, vamos em frente e direto ao ponto que nos levou a escrever este livro.

Devido à importância crescente da embalagem no novo cenário competitivo e ao que ela representa de esforço e investimento para as empresas, não é mais possível tratar esse recurso como um insumo componente do processo, nem geri-lo com base nas óticas operacional e industrial.

A embalagem deve ser entendida como um recurso estratégico fundamental de competitividade das empresas de consumo e ser alçada às esferas de planejamento incluídas no plano estratégico

Pós-Graduação em Gestão Estratégica de Embalagem

O curso da ESPM formou sua primeira turma e mostrou que a metodologia da Gestão Estratégica de Embalagem apresentada neste livro está formatada e foi assimilada pelos alunos, que conseguiram aplicá-la na prática num projeto de uma empresa real do mercado, cujo resultado superou as expectativas de todos.

da gestão, além de ser utilizada como ferramenta de marketing, veículo de comunicação, componente integrante do *branding* e assim por diante. Ela é um recurso fundamental para proporcionar competitividade às empresas que atuam no segmento de consumo. Assim, não é inteligente deixar de obter o máximo de contribuição que esse recurso possibilita, mesmo porque ele está dentro de casa. Pode ser gerido de acordo com os objetivos estratégicos da empresa e seu custo já está embutido no custo do produto.

Sabemos, hoje, que a Gestão de Embalagem nas empresas brasileiras está localizada, na grande maioria das vezes, nas áreas operacionais, funcionando principalmente com uma visão voltada para dentro da empresa e como suporte interno às ações de marketing. Está diretamente subordinada à produção, ao desenvolvimento de produtos e às áreas técnicas e industriais. Os profissionais responsáveis por embalagem nas empresas têm, geralmente, formação técnica nas carreiras de engenharia e tecnologia ou adaptaram-se à área, vindos de outras formações técnicas. Essa situação confirma a posição que a área de embalagem ocupa nas organizações e é um retrato do enfoque preponderantemente operacional que tem sido dado a ela até o momento.

Não se trata de nenhuma crítica à forma como o tema vem sendo tratado nem aos profissionais que atuam na área, mas é apenas a constatação da situação atual da Gestão de Embalagem nas empresas brasileiras, pois é assim que tem funcionado até o momento e isso não tem impedido muitas delas de desenvolverem ações de marketing utilizando suas embalagens como suporte.

Nossa idéia é propor uma mudança na maneira como a embalagem é entendida e tratada pelas empresas. O objetivo de nosso trabalho é, como já dissemos, gerar um novo profissional e uma nova metodologia capazes de levar a Gestão de Embalagem a ocupar áreas mais estratégicas, integrar-se ao planejamento de marketing e ser gerida com base na ótica de competição do mercado e não apenas como componente do processo produtivo industrial.

Um novo profissional, uma nova metodologia

Para que a embalagem evolua para uma nova posição são necessários um novo profissional, uma nova metodologia e, principalmente, uma nova visão.

Como formar esse profissional?

Como fazê-lo compreender melhor o sistema e utilizá-lo como ferramenta de competitividade?

São questões como essas que este livro pretende esclarecer. Não de forma absoluta ou acabada, mas como fundamentação básica que permita aos profissionais que já atuam na área, e àqueles que vierem a atuar, desenvolver seus conhecimentos e habilidades, para ocupar uma nova posição conceitual no organograma das empresas.

O conteúdo desta obra é resultado de um intenso trabalho, cujas sementes foram lançadas no final dos anos 80, com algumas observações ocasionais, geradoras de uma questão que veio criando raízes até desabrochar no trabalho que desenvolvo atualmente e que este livro vem consolidar como etapa do processo.

A pergunta que surgiu, e veio evoluindo desde então, é a seguinte: Por que erros graves, envolvendo o posicionamento da embalagem, ocorrem até em grandes empresas?

Eu assisti e vou relatar alguns deles, casos em que a falta de inteligência resultou em retumbantes fracassos que poderiam perfeitamente ter sido evitados se a abordagem do assunto tivesse atribuído a importância e a seriedade devidas.

No princípio, eu ficava chocado com alguns desses erros, depois, fui percebendo que eram frutos da ignorância e, mais recentemente, compreendi que ocorriam por falta de visão e, principalmente, de formação especializada que pudesse instrumentalizar essas decisões.

Os principais conceitos que embasam a proposta da Inteligência de Embalagem® começaram a ser aplicados no final dos anos 80, mas ganharam corpo a partir de 1998, quando comecei a trabalhar mais intensamente em sua aplicação, em virtude de meu envolvimento direto com a indústria de embalagem, tanto como coordenador do Comitê de Design da Associação Brasileira de Embalagem (Abre), como trabalhando diretamente como prestador de serviço para a indústria na área de desenvolvimento de projetos estratégicos.

A partir daí, os conceitos foram se aprofundando e os casos práticos de aplicação se multiplicaram até o ano de 2003, quando formatei e registrei o conceito de Inteligência de Embalagem®, transformando-o num produto que, desde essa data, tem sido oferecido ao mercado e aplicado em algumas das maiores e mais importantes indústrias de embalagem do país.

Muito contribuíram para o desenvolvimento desses conceitos, e a atuação que tive na Abre, onde fui eleito presidente em 2002 e reeleito até 2006, propiciou que eu ficasse em contato direto com as principais empresas e profissionais do setor, e a atividade de representante do Brasil no board da World Packaging Organisation (WPO) proporcionou-me a oportunidade de conviver com os representantes desse setor em mais de quarenta países.

Destaco ainda o auxílio da Escola Superior de Propaganda e Marketing (ESPM), onde leciono há quase quinze anos, na formatação dos conceitos didáticos e metodológicos aqui apresentados, pois o curso de metodologia e design de embalagem, que criei para essa escola, foi transformado em dois livros didáticos, que são hoje adotados por mais de trinta universidades. Essa experiência como professor da graduação e como coordenador do curso de pós-graduação em Gestão Estratégica de Embalagem, na ESPM, forneceu a estrutura final deste livro, que contou também com a contribuição dos alunos e demais professores que dele participam.

A inteligência e o futuro da embalagem

No futuro, só dois tipos de empresa atuarão no segmento de consumo: as que usam a embalagem de forma inteligente, procurando obter o máximo de sua contribuição e transformando-a numa efetiva ferramenta de competitividade, e as que ficaram para trás. Esse é o impacto que a Gestão Estratégica de Embalagem e o Programa de Inteligência de Embalagem® devem provocar no mercado em um futuro não muito distante.

Tenho acompanhado vários casos de sucesso em que a embalagem foi o fator decisivo na obtenção de vantagem competitiva. Casos assim devem se multiplicar com a aplicação cada vez maior dessa nova metodologia. Profissionais formados nessa nova disciplina começarão a ocupar posições de decisão nas empresas, e suas ações se revestirão de maior qualidade e eficiência, formando um quadro estimulante que levará ao desenvolvimento e à evolução dos conceitos aqui apresentados.

Desejo sinceramente que este livro e o curso do qual ele é instrumento forneçam aos novos profissionais a base e o estímulo para seu desenvolvimento e façam que a embalagem passe a ocupar o lugar que merece no planejamento estratégico das empresas.

Fabio Mestriner

AGRADECIMENTOS

O autor deseja expressar seus sinceros agradecimentos às seguintes pessoas, empresas e instituições que apoiaram e contribuíram para viabilizar este trabalho:

Professor Francisco Gracioso
Professor Richard Lucht
Professor Carlos Monteiro

Professores do curso de pós-graduação em Gestão Estratégica de Embalagem

Paulo Carramenha
Antonio Cabral
Ellen Kiss
Lincoln Seragini
Romeo Busarello
Marcos Machado
Flavia Flaminio
Márcia Portazio
Rubens Jesus
Kátia Valente
Silvana Novaes

Alunos que acreditaram no curso e participaram da sua formação

Turma 1 — Pioneira do curso

Alessandra Funcia
Carlos Alberto Zardo Júnior
Daniela Waquil Nunes Molinos
Edson Masakazu Konioshi

Trabalhos dos alunos

Érika Kuchauskas Mariano da Silva
Francisco Abi Saber Cypriani
Gilmar Vaccas
Isabella Trevizan
Marcos Fruet Palhares
Roberto Araujo Lacerda
Rodrigo Weigand
Viviana Mason

Turmas seqüenciais

Alan Baumgarten
Aldinir do Nascimento
Amauri Cardoso Guerra
Antonio Celso Collaro
Camila Araujo Silva
Danilo da Costa Lima
Danuta Stramaro de Souza
Dayana Marquardt
Debora Castilho Augusto da Costa
Deivid Faria
Dorcas Tachikawa
Eliana Parri
Fabricio Renzoni da Cunha
Fernanda Maekawa Lipai
Fernanda Marques Pinto
Fernando Muniz Ramalho
Geraldo Cardoso Guitti
Geraldo Luis de Lorena Pires
Gustavo Ruiz Silva
Isabella Cavinatto Salibe
Isabele Zangirolamo Fidelis
Janaina Accyoli Gonçalves
Katiane Fátima de Gouvêa
Letícia Maria dos Santos Aleixo
Lina Megumi Kamitsuji
Marcello Denardi Bettega
Marcos Rocha de Barros
Marina Pougy de Magalhães
Natalia Mendes Arcieri
Raquel Carpigiani Teixeira
Rene Brunelli Jr.

Ricardo da Silva Mayer
Rodolfo Lopes Paes
Rogério Mani
Sergio Vieira de Campos
Sullivan Ostrovsky Teixeira
Tatiana Sanches Abib
Vanessa Crawford Ferrarini
Vitor Goldzvaig Bernardo

Empresas e entidades que apoiaram o curso e os trabalhos do Núcleo de Estudos da Embalagem da ESPM

Associação Brasileira de Embalagem (Abre)
Ripasa, Owens Illinois
Suzano Petroquímica
Novelprint, Sinimplast
Rigesa, TetraPak
CSN
Sonoco, Henkel
Fispal
GFK Indicator
Gegraf
Light House
Sun Microsystems
Abief

Palestrantes que se apresentaram no curso

Sergio Canela
Yusi Shudo
Ricardo David
Fabio Pereira
Otavio Fogo
Ailton Pupo
Osvaldo Belintani
Marcio Pinheiro
Alessandra Albuquerque
Heloisa Rios
Leandro Pignataro
Assunta Camilo
João Minsoni
Sofia Nanka

Agradecimentos especiais

A Arthur Assumpção, Luciana Pelegrino, André Echeverria, Aparecido Borghi, Rodrigo More, Marisete, Sueli Bragion, Cristiane Prado Sodré, Sergio Iunis, Julio Munhós Kampf, José Arnaldo Mota, Silvio Isola, Alexandre Fraga e Ricardo Santos Neto.

Aos amigos Luciana e Paulo Izzo.

A Horácio Del Nero Rocha e à diretoria e à gerência de marketing da Bombril.

PARTE I

FUNDAMENTOS DA INTELIGÊNCIA DE EMBALAGEM®

CAPÍTULO UM

A DIMENSÃO ATUAL DA EMBALAGEM

Desde os tempos mais remotos, a embalagem está presente na vida humana, servindo às crescentes necessidades da sociedade e evoluindo técnica e conceitualmente numa dinâmica que vem se acelerando cada vez mais.

Utilizada inicialmente para agrupar e conter os alimentos, permitindo que fossem transportados e armazenados, a embalagem foi ganhando novas funções e maior importância, conforme a vida se tornava mais complexa e as cidades cresciam.

A separação entre cidade e campo criou a necessidade de deslocamento dos alimentos de seu local de produção. Ao distanciar a produção do consumo, a cidade promoveu o primeiro salto no desenvolvimento das embalagens.

Com os núcleos urbanos e a riqueza que geravam, o comércio ganhou força; e a necessidade de transporte das mercadorias por longas distâncias exigiu embalagens mais resistentes, que mantivessem a integridade dos produtos.

As caravanas e o desenvolvimento das navegações promoveram outro salto qualitativo na utilização das embalagens.

No século XVIII, a Revolução Industrial e a grande produção de bens, acompanhadas do surgimento de uma grande massa de assalariados urbanos, exigiram mais e melhores embalagens. Novos materiais, como a folha-de-flandres e o papel-cartão, possibilitaram a criação de novas embalagens.

A tecnologia de impressão em cores, a máquina de fabricar papel e os equipamentos de produção e envase fizeram com que os produtos, antes insuficientes para atender à demanda, se tornassem abundantes, dando início à competição de mercado entre os fabricantes.

A combinação desses fatores fez surgir a primeira função realmente mercadológica da embalagem, uma vez que ela passou a ser embelezada com rótulos coloridos e imagens atraentes e artísticas para tornar os produtos mais atrativos e, conseqüentemente, vender mais.

Um exemplo dessa tendência ocorreu entre o final do século XVIII e início do XIX, quando artistas reconhecidos, pintores, ilustradores e gravadores se dedicaram a criar embalagens de

A embalagem precisa conservar o produto e garantir que ele permaneça em perfeitas condições até ser consumido totalmente.

Essa embalagem evita que o salgadinho se quebre durante o transporte e pode ser levada até na mochila.

Esse pote plástico de nova geração vai direto ao microondas e facilita a vida do consumidor.

grande beleza estética, que encantaram os consumidores com o estilo característico da época, o *art nouveau.* Ainda hoje é considerado o período em que se produziram os mais lindos rótulos.

A necessidade de promover a venda dos produtos associada ao avanço da tecnologia de produção veio somar ao deslumbramento da nascente sociedade de consumo, num coquetel de criatividade e ousadia só igualado bem mais tarde, após a Segunda Guerra Mundial, quando o mundo viveu um período de ascensão vertiginosa de consumo embalado numa onda de progresso sem precedentes.

Os eletrizantes anos 50 assistiram à consolidação dos supermercados como modelo de estabelecimento comercial padrão para o varejo de alimentos e produtos de abastecimento do lar.

O supermercado promoveu a maior das revoluções vividas pela embalagem, uma vez que introduziu transformações que alteraram completamente o antigo comércio varejista, aquele dos antigos armazéns, onde a compra era mediada pelo balconista que se encarregava de 'pegar' o produto, explicar ao consumidor suas características e seu modo de usar.

A adoção do sistema de auto-serviço eliminou a figura do balconista vendedor, obrigando a embalagem a se encarregar das funções de apresentar, explicar e vender o produto, o que desencadeou uma verdadeira revolução no design e na comunicação aplicados à embalagem.

Essa nova situação ganhou impulso nos anos 60 com a introdução definitiva do plástico e do alumínio, que se juntaram aos materiais até então utilizados.

A tecnologia de materiais, produção, envase e as técnicas de impressão, decoração e rotulagem abriram amplos horizontes ao trabalho dos designers dedicados à embalagem, atividade que já havia se tornado uma especialidade.

Assim, a revolução do supermercado gerou a embalagem moderna, dando início à consolidação dos conceitos hoje adotados.

A indústria de embalagem ganhou grande impulso, tornando-se parceira fundamental da grande indústria de consumo, que expandia sua distribuição graças à evolução dos meios de transporte e de comunicação e também pelo contínuo crescimento das cidades, que reuniam uma população cada vez maior, atraindo massas de migrantes do campo em busca de emprego e de outras facilidades que a vida urbana oferecia. Esse processo insuflou o consumo de alimentos e demais produtos industrializados.

A revolução tecnológica e a informática mudaram o modelo vigente, aperfeiçoando seus aspectos operacionais, com destaque para o código de barras, que agilizou o processo de compra nos auto-serviços, a estocagem e a logística de distribuição dos produtos.

Com o aparecimento da televisão e o apogeu da propaganda, a embalagem se tornou estrela de muitos comerciais, e os produtos se tornaram cada vez mais famosos, assumindo um protagonismo inédito, até então, no negócio das empresas de consumo.

Com o surgimento do marketing, que ganhou realmente espaço nos anos 70, a embalagem foi chamada para mais um serviço, e passou a ser utilizada também para conduzir ações com o objetivo de promover as vendas.

Embalagens promocionais e o uso da embalagem como prova de compra em concursos e sorteios constituíram uma nova aplicação, agora de forma mais intensa e profissionalizada, pois incentivava as vendas por meio da inclusão de figurinhas, estampas e pequenos brindes, como já se fizera no início do século XX.

Assim, das funções básicas de vendedora, promotora de vendas e suporte para ações de marketing, a embalagem se transformou em agente do *branding*, dando sustentação ao trabalho de construção da imagem de marca e sendo cada vez mais utilizada para construir relacionamento com os consumidores.

Hoje, ela está consolidada como uma poderosa ferramenta de marketing, e é empregada de todas as formas na tarefa de levar o produto aos consumidores, conquistar sua preferência e manter sua fidelidade. É utilizada também como diferencial competitivo ao incorporar a inovação e o design como componentes regulares em seu projeto.

Em uma escalada impressionante, a embalagem ganhou proeminência na sociedade contemporânea, assumindo maiores responsabilidades na tarefa de conduzir os produtos à competição, num cenário cada vez mais competitivo. Assim, a embalagem é, hoje, um fator decisivo na competição de mercado e exerce impacto direto na performance do produto.

Por ser um componente importante no custo do produto e em seu desempenho na linha de produção e na logística de distribuição, a embalagem alcançou uma importância estratégica na empresa atual. Estratégia é aquilo que tem impacto no negócio e, nesse sentido, poucas coisas exercem tanto impacto hoje em dia quanto a embalagem.

À medida que a propaganda, baseada na mídia e na veiculação de campanha de anúncios, vem perdendo espaço para outras ferramentas de marketing e para as ações 'na mídia', a embalagem assume uma nova dimensão no composto de marketing, pois pode servir também como veículo de comunicação, conduzindo mensagens publicitárias e diretas aos consumidores do produto.

A utilização da embalagem como mídia vem se ampliando com soluções inovadoras e criativas, que têm obtido excelentes resultados. Além disso, com o advento da Internet, uma nova fronteira está se abrindo, pois as empresas descobriram que estender a relação a seus agentes ativos da marca está se tornando possível graças aos hotsites, nos quais o consumidor pode ampliar seu relacionamento entrando no 'mundo do produto'.

Levar o consumidor até o hotsite, integrando-o em promoções, concursos, atividades, jogos e comunidades on-line, tem se mostrado uma fantástica forma de ampliar sua relação com o produto e a marca, fazendo com que a embalagem incorpore mais uma função ao extenso leque que já desempenha.

Assim, ao longo do tempo, é possível verificar que a embalagem só aumentou sua participação no esforço da empresa para conquistar os consumidores e crescer no mercado.

Como já dissemos, o impacto cada vez maior que a embalagem exerce no desempenho do produto exige que as empresas lhe dêem uma nova posição em seu planejamento estratégico. Por sua importância e pela enorme contribuição que pode dar ao negócio, a embalagem precisa ser alçada às áreas mais estratégicas da empresa, deixando de ser considerada apenas um item operacional do sistema.

Em uma era de grandes incertezas, que faz com que as empresas olhem com apreensão para o futuro, uma coisa é certa: a competição será cada vez mais acirrada, e a embalagem, um fator decisivo nesse novo cenário.

Tratar a embalagem como um componente estratégico do negócio deixou de ser uma opção visionária de algumas empresas para se tornar uma exigência que recai sobre todas as empresas que almejam uma posição na competição pelos mercados futuros.

Conceito de Inteligência de Embalagem®

No final dos anos 80, atuando como designer, presenciei um fato que posso, com toda a certeza, apontar como ponto de partida para as indagações que culminaram neste livro. Como ocorria com muitos grupos empresariais do país, a Hering tinha decidido investir no emergente agronegócio brasileiro, criando a Ceval, indústria de processamento de alimentos que logo se transformaria num dos grandes *players* do setor.

A Seragini, Young & Rubicam, na qual eu era diretor de design, era, à época, a empresa de maior destaque no design de embalagens, e sua autoridade no assunto era reconhecida.

Fomos contratados, então, para criar o design da margarina que a empresa lançaria como sua primeira participação nessa categoria de produtos.

A categoria das margarinas representava uma das vedetes do modo de consumo, protagonizando intensa disputa publicitária com campanhas e concursos acontecendo o tempo todo na televisão. Doriana e Delícia Cremosa eram as protagonistas da 'guerra das margarinas'.

Nessa época, a embalagem do produto era o 'moderníssimo' pote plástico termoformado, adorado por nove entre dez donas-de-casa e estrela das gôndolas refrigeradas. Constituía uma categoria muito 'quente' que estava na 'crista da onda'.

Entrar nesse segmento, portanto, era do maior interesse dos fabricantes de óleo de soja, como a Ceval, fabricante do Soya, um dos aspirantes à liderança do setor.

O projeto era muito importante para a empresa, que estava construindo uma planta industrial para a produção da nova margarina.

Embora importantes do ponto de vista econômico e um dos destaques do marketing daquele período, as margarinas, sem exceção, utilizavam um pote *standard*, cilíndrico e sem diferencial entre os vários concorrentes, que tinham praticamente a mesma embalagem.

Evidentemente, para nós, a oportunidade estratégica estava em lançar um pote diferenciado com formato retangular ou elíptico, como já existia na Europa, pois um novo *player*, desconhecido dos consumidores, teria uma força extra para sua introdução se adotasse um novo formato, chamando para si a atenção dos consumidores e se posicionando como mais moderno e diferenciado em seu design.

Rumamos otimistas para a sede da empresa em Gaspar, Santa Catarina, onde apresentaríamos a proposta. Tínhamos uma 'bomba' que agitaria o mercado, desequilibrando a competição a nosso favor, uma vez que a forma diferenciada é um atributo que sempre chama a atenção dos consumidores, destacando o produto.

Qual não foi nossa surpresa quando, apesar da aprovação do presidente e dono da empresa – que compreendeu o significado e a vantagem estratégica da nova forma, aprovando-a integralmente –, o corpo técnico da companhia, responsável pela nova planta industrial, criou forte resistência à proposta do novo formato, defendendo com unhas e dentes a adoção do formato cilíndrico.

O que ocorreu então foi ainda mais surpreendente. Eu nunca havia visto um presidente de empresa literalmente perder a esportiva e ordenar em altos brados que nossa proposta de design fosse acatada e ponto final!

Caros leitores, para encurtar a história, a nova margarina Bonna, lançada pela Ceval no final de 1988 e início de 1989, apresentava um pote cilíndrico exatamente como as demais, que já eram conhecidas e donas do mercado.

Para ilustrar com maior precisão o conceito formador da indagação que deu origem a todo o processo, alguns meses depois ocorreu o lançamento da margarina Qualy, da Sadia, num novíssimo pote quadrado, que rompeu com a linguagem da categoria.

Café em pó para coador. No mercado norte-americano, é vendido em latas como esta, com cerca de 1 kg de produto. Esta é uma característica desse tipo mercado.

Potes em formatos diferenciados e frascos plásticos de todos os tipos predominam na categoria dos cosméticos, tanto aqui como no exterior.

Chá verde oriental pronto para beber em embalagem de vidro com rótulo sleev. A tradição se moderniza.

Pacote de macarrão com seis sachês para aquecer no microondas. Combina praticidade de preparo com a conveniência da apresentação em porções.

Programa Nutritional Compass de Comunicação com o consumidor, que utiliza o verso das embalagens como veículo das mensagens. São mais de sete bilhões de mensagens veiculadas dessa forma anualmente.

Os cereais matinais da Kellogg's são pioneiros na exploração promocional das embalagens.

O novo formato do pote foi utilizado como grande diferencial da margarina Qualy, constituindo seu principal atributo de personalidade.

Não é preciso dizer quem é o líder da categoria das margarinas hoje. Vocês podem perfeitamente deduzir que a Qualy lidera com folga, tendo construído uma fábrica no Nordeste, onde a Dixie Toga introduziu uma nova embalagem com tecnologia inédita no Brasil, mantendo a marca na vanguarda do setor.

Esse caso ilustra muito bem a importância da estratégia de embalagem para posicionar o produto na competição de mercado. Seu impacto foi decisivo, pois compreendi, com muita emoção envolvida, o que uma decisão pode acarretar no futuro da embalagem.

A partir daí, passei a me dedicar com mais intensidade ao estudo da embalagem como fator estratégico de competitividade e não apenas como design de componente estético.

Foi um período de intensa atividade, durante o qual os principais conceitos que fundamentariam minha atuação nos anos seguintes foram identificados e conscientizados.

Nessa época, casos de sucesso, como o das fitas de vídeo Gradiente e Polivox e dos flocos de milho Amorim Primo, mostraram a importância do estudo de campo para se identificar oportunidades de posicionamento estratégico do produto em gôndolas.

O aprendizado produzido por esses projetos gerou um conceito que foi repetido dezenas de vezes, sempre com sucesso, pois a vantagem do posicionamento do produto em gôndola, quando possível de ser obtida no projeto, é devastadora para os concorrentes.

A força da imagem correta aplicada ao produto, como ocorreu no caso do leite condensado Mococa – cuja principal utilização, descoberta pela cozinha experimental da empresa, era no tradicional pudim de leite condensado –, definiu a inclusão na embalagem de uma foto do pudim com a calda escorrendo, o que resultou num espantoso sucesso, levando os outros fabricantes a incluírem também uma imagem semelhante. Hoje, todos têm a imagem do pudim de leite em sua embalagem, transformando-a em linguagem da categoria.

Outro caso em que os conceitos estratégicos foram aplicados com grande sucesso foi o da farinha láctea Mococa, no início dos anos 90. Pressionada pela disputa por bacias leiteiras que ocorria entre Nestlé e Parmalat, a Mococa precisou ampliar seu portfólio de produtos para 'alimentos', reduzindo sua total dependência dos laticínios, até então a base da produção da empresa.

O projeto da nova farinha láctea Mococa foi precedido de estudos que identificaram a seguinte situação: apenas um produto dominava o mercado, e era posicionado como 'ético', promovido para os pediatras juntamente com os leites para alimentação neonatal e vendido principalmente em farmácias.

A Nestlé, produtora dessa farinha láctea e maior fabricante de latas de aço no Brasil, beneficiava-se dessa *expertise* e da economia de escala gerada pela utilização da mesma embalagem de 500 g para vários de seus produtos, entre eles os best-sellers Nescau e leite Ninho. Com essas informações, foi montada a estratégia competitiva que se baseou nos seguintes pontos:

1. Posicionamento do produto para o público infantil por meio da adoção da personagem Vaquinha Mococa, que havia sido criada para os comerciais de TV, mas estava há anos fora do ar.
2. Posicionamento do produto para a venda em supermercados utilizando a linguagem visual característica desse tipo de produto, pronto para consumo.
3. Adoção de uma lata diferente do padrão adotado anteriormente, que era de 500 g. A nova lata tinha 400 g, mas como seu diâmetro era menor, a altura ficou igual à lata do concorrente. O objetivo dessa ação era reduzir o custo final do produto, criando uma diferença de preço que estimulasse a experimentação.

Essas três ações combinadas produziram um resultado excepcional, levando a nova fábrica da empresa, recém-inaugurada, a trabalhar na capacidade máxima. As encomendas eram tantas que chegou a haver uma espera negociada de prazo de entrega, pois não era possível atender a todos os pedidos.

A reação da Nestlé não tardou em confirmar o impacto dessa estratégia. A empresa retirou o produto de sua linha de produtos éticos, adotou uma linguagem infantil voltada para supermercados e abriu mão de sua economia de escala, adotando também a lata de 400 g com diâmetro estreito.

Esse caso demonstra que o tamanho das empresas envolvidas não importa, pois estratégias bem-sucedidas podem causar impacto em qualquer mercado e em praticamente todas as categorias de consumo.

Quando posicionamos a embalagem de forma estratégica, podemos obter a vantagem competitiva no ponto-de-venda, desequilibrando a concorrência. Essa foi a lição aprendida nesses casos.

Com base nessas experiências iniciais, os conceitos foram se consolidando e fui descobrindo o papel da indústria de embalagem no processo, pois sua participação pode ser decisiva para criar uma equação vencedora no conjunto da proposta. Como designer, seria natural que eu olhasse apenas para o papel do design, mas nesse caso da farinha láctea aprendi que a soma da solução industrial com a adoção de uma estrutura diferenciada resultou no sucesso do conjunto.

Quando, em 1997, fundei a Packing, já inseri, na formulação do conceito da empresa, a "integração com a indústria de embalagem" como um dos diferenciais competitivos da agência.

Em 1998, dois projetos vieram consolidar de forma definitiva esse conceito.

A Ripasa, fabricante do papel Ripax, que naquele momento ocupava a quarta posição no mercado de papel *cut size* para uso em escritórios, identificou no design a forma de tentar mudar sua situação de mercado. O projeto do papel Ripax constituiu, por sua complexidade de solução, um dos mais expressivos dos quais participei.

Numa explicação bastante resumida, o sucesso do projeto se deveu ao posicionamento estratégico adotado, que vislumbrou uma posição que os concorrentes não haviam percebido e se mobilizou para ocupá-la antes deles.

A nova posição consistia em deslocar o produto da categoria de 'material de escritório', na qual se encontrava, para 'suprimento de informática', em que ninguém havia entrado ainda.

Para conseguir isso, a nova embalagem adotou elementos da linguagem visual dos produtos de informática, incluiu imagens e uma série de informações úteis ao consumidor, tornando-se adequada para a venda em supermercados e lojas de informática.

Havia um grande obstáculo para se conseguir o novo posicionamento: a tecnologia de impressão flexográfica da época era ainda bastante limitada, e a nova embalagem precisava ser impressa em cores sem aumentar seus custos, pois o produto era uma commodity e não comportava uma embalagem mais cara.

A integração com a indústria de embalagem, no período, foi decisiva e ajudou a viabilizar o projeto, e a gráfica Antilhas exerceu papel decisivo no processo.

O retumbante sucesso alcançado e seus desdobramentos lançaram as bases para uma nova visão sobre a importância estratégica da embalagem para a competitividade da empresa, pois, a partir daí, a Ripasa fez de seu programa de embalagem um exemplo de como dar continuidade a um sucesso com novas ações, mantendo a empresa na vanguarda do setor até ser vendida em 2006.

Também em 1998, teve início um projeto que levou a resultados marcantes. Nesse ano, a Companhia Siderúrgica Nacional (CSN) nos chamou para desenvolver um projeto estratégico. A lata de aço vinha perdendo participação no segmento de óleo de cozinha e era preciso reagir, criando uma solução de embalagem para a categoria. Esse projeto deu início a um amplo programa que introduziu no Brasil a embalagem de aço expandido, cujo exemplo de marca de sucesso foi o novo *shape* do Leite Moça, da Nestlé.

Nesse projeto de grande sucesso, uma série de soluções foi desenvolvida, podendo-se, com isso, compreender melhor o papel da indústria de embalagem na competição por cadeia produtiva, na qual as parcerias estratégicas são utilizadas para gerar soluções de alta complexidade, que não seriam possíveis sem a ação integrada dos vários agentes que compõem o Sistema de Embalagem.

Ficou claro que a indústria de embalagem não podia mais ser vista como um mero fornecedor de insumos, mas como um parceiro estratégico, cuja participação poderia ser decisiva em alguns projetos.

A Inteligência de Embalagem® em ação

Quando, em 2005, o conceito de Inteligência de Embalagem® foi registrado, ele já estava em franca evolução, tendo sido empregado numa série de projetos que possibilitaram o uso de suas cinco ferramentas, até se integrarem num programa abrangente que podia ser utilizado em qualquer indústria de embalagem.

Transformado em produto, o conceito foi aplicado em mais de uma dezena de empresas nos diversos segmentos da indústria de embalagem, e suas nuances foram sendo percebidas, testadas e aperfeiçoadas.

Essa versão inicial do programa destinava-se exclusivamente à aplicação na Indústria de Embalagem. A versão apresentada neste livro, voltada para as indústrias usuárias de embalagem, só foi desenvolvida no ano de 2006, como parte do programa do curso de pós-graduação em Gestão Estratégica de Embalagem da ESPM.

A conversão do programa da indústria de embalagem para a indústria usuária de embalagem levou um ano e meio de trabalho, pois se tratava de objetivos e perspectivas bastante diversos. Enquanto no primeiro caso o objetivo é identificar oportunidades e desenvolver ações para colocar as embalagens fabricadas pela empresa em vários usuários, que possam utilizá-las para conquistar posições, no segundo caso, trata-se de um programa de gestão que deve extrair o máximo do Sistema de Embalagem da empresa, desenvolvendo uma série de ações que utilize a embalagem como suporte.

O objetivo do Programa de Inteligência de Embalagem® é obter vantagem competitiva por meio da aplicação de vários conceitos organizados em três subprogramas integrados, que geram ações seqüenciais em frentes que englobam, respectivamente, o design, a inovação e a utilização da embalagem como ferramenta de marketing e veículo de comunicação.

Com base no entendimento de que a embalagem é um sistema, as ações do programa procuram explorar de maneira abrangente os vários pontos desse sis-

Guaraná, um clássico em embalagem promocional.

Maizena, um clássico de cara nova.

Coca-Cola, um clássico com sabor café.

Primeira embalagem de café brasileiro tipo exportação a utilizar o rótulo sleev.

Primeira embalagem de produtos para pintura a utilizar imagem com casa impressa em quadricromia.

Embalagem de refeição pronta para aquecer no microondas.

tema, tendo como objetivo central definir para onde elas convergem.

Assim, por meio de um diagnóstico inicial do Sistema de Embalagem da empresa, é montado um plano de ação que estabelece o que deve ser feito em cada um dos três subprogramas: design, inovação e utilização da embalagem como ferramenta de marketing e veículo de comunicação. No último subprograma, está incluída a integração da embalagem com as ações na Web da empresa.

A contribuição do Programa de Inteligência de Embalagem® para a empresa está no fato de ela passar a utilizar formas mais efetivas em sistemas de embalagem, para competir com mais força no mercado, ganhando espaço e tornando seus produtos mais eficazes. São tantas as ações que podem ser desenvolvidas utilizando a embalagem como suporte que mesmo a implementação de umas poucas já representará um sensível avanço.

Ao adotar um programa como esse, a empresa passa a tratar de maneira mais inteligente e integrada as várias atividades ligadas à embalagem. As áreas relacionadas ao tema passam a agir em conjunto e com o mesmo objetivo, e todo esse esforço ganha uma nova dimensão. Mas, sem dúvida, o maior benefício do Programa de Inteligência de Embalagem® é a mudança de visão que ele promove. Ao passar a considerá-la um componente estratégico de seu negócio, e não apenas um insumo produtivo, a empresa abrirá novos horizontes para sua utilização.

O conceito de Inteligência de Embalagem® prevê basicamente a mudança do patamar de importância que a embalagem tem para a empresa e sua conseqüente incorporação no plano estratégico. A incorporação definitiva da gestão do Sistema de Embalagem aos objetivos e ações de marketing leva a uma utilização melhor e mais inteligente desse sistema com enormes benefícios para a empresa como um todo.

Grandes empresas líderes chegam a colocar nos mercados, anualmente, vários bilhões de embalagens. Isso representa uma oportunidade de contato e comunicação com o consumidor que não pode ser desperdiçada nem mesmo subaproveitada.

Estamos diante de uma nova fronteira na qual a embalagem tem um importante papel a desempenhar, e o conceito de Inteligência de Embalagem® é uma das formas de fazer com que esse papel seja desempenhado com um brilho ainda maior.

Pesquisa diagnóstica

Uma pesquisa diagnóstica da Gestão de Embalagem nas empresas brasileiras, realizada pela GFK (indicador para o Núcleo de Estudos da Embalagem da ESPM), confirmou as hipóteses em que estávamos trabalhando e revelou um quadro ainda mais claro da situação. Além de não ter visão de conjunto do Sistema de Embalagem e estar atuando apenas nos níveis operacionais do sistema, a Gestão de Embalagem nas empresas brasileiras, em sua grande maioria, tem comando compartilhado e pouca autonomia para atuar. Essa atividade não tem formato definido, variando muito de uma empresa para outra, sendo também suas atribuições e responsabilidades muito variadas, somando-se a isso a falta de uma posição definida no organograma da empresa e a indefinição da escala hierárquica que as dirige.

Verifica-se que, na condução do tema 'embalagem nas empresas', têm grande peso as áreas de compras e comercial, ficando fácil perceber por que isso acontece. Essas duas áreas atuam nas questões concretas, práticas e objetivas relacionadas à produção, à distribuição, à venda e ao desempenho imediato da embalagem no mercado. A área de compras focaliza o interior da empresa e faz a linha funcionar abastecendo a produção, enquanto o comercial focaliza o exterior da empresa e tem o 'pulso' do mercado na mão, podendo sentir de forma quase imediata suas reações.

O marketing das empresas, sobretudo nas médias e pequenas, preocupa-se com o ambiente externo e desenvolve uma série de ações que não se concentram apenas na embalagem e sua atuação. Nesse caso, quando acontece, depende do funcionamento interno operacional e da ação do comercial no mercado. É uma área mediadora entre o mercado, que está fora da empresa, e a ação do mercado, que está dentro. O marketing, na maioria das vezes, não tem comando sobre essas áreas, que acabam exercendo um peso muito grande atualmente na Gestão de Embalagem nas empresas brasileiras.

Outro ponto que ficou claro nessa pesquisa foi a falta de formação especializada dos profissionais que atuam na Gestão de Embalagem, pelo simples fato de não haver formação acadêmica disponível no país. São profissionais formados nas mais diversas especialidades, que acabam desenvolvendo suas habilidades e conhecimentos na prática do dia-a-dia.

Existe, portanto, uma enorme oportunidade para o desenvolvimento da formação e para a sistematização metodológica dessa atividade. Na pesquisa, ainda ficou evidenciado que, apesar de reconhecerem de maneira unânime a grande importância estratégica da embalagem e a necessidade de as empresas terem programas estratégicos de gestão, esses profissionais ainda não estão envolvidos nessas questões, e sua atuação está muito ligada ao operacional.

As empresas, por sua vez, ainda investem pouco na formação de seus profissionais e não despertaram para o enorme potencial que têm dentro de casa, representado por seu Sistema de Embalagem.

CAPÍTULO DOIS

O SISTEMA DE EMBALAGEM E SUA GESTÃO ESTRATÉGICA

A embalagem que encontramos em supermercados e lojas é o resultado da ação de um sistema complexo e multidisciplinar, conseqüência da atuação de diversos especialistas que desenvolvem uma série de atividades complementares a fim de integrar o objeto acabado, conduzindo-o até seu destino final.

O Sistema de Embalagem e seus componentes é a chave para a compreensão da proposta deste livro. Entender esse sistema, suas interfaces e as implicações de cada uma delas para o resultado que se deseja obter é a principal tarefa daqueles que pretendem atuar em sua Gestão Estratégica, pois cabe a esse novo profissional sistematizar os recursos disponíveis, para que sejam oferecidos de maneira organizada ao marketing da empresa, de modo a possibilitar que essa área inclua a embalagem no planejamento. Todas as ações que envolvem a embalagem acontecem no sistema, e as oportunidades para obter mais valor e diferencial competitivo também se encontram dentro dele.

Assim, descreveremos detalhadamente o sistema, indicando o que deve ser destacado em cada um de seus componentes para a obtenção de vantagem estratégica, uma vez que cada um oferece oportunidades a serem exploradas na montagem do programa de Gestão Estratégica de Embalagem.

Uma importante consideração se faz necessária. Nossa proposta se fundamenta na concepção de que o sistema deve ser entendido e utilizado como uma ferramenta de competitividade para a empresa e seus produtos.

Essa visão é nova porque, segundo nossas pesquisas, a Gestão de Embalagem praticada hoje concentra suas atividades nas áreas operacionais, e os profissionais responsáveis por sua condução estão ligados a produção, pesquisa e desenvolvimento, suprimentos e qualidade, não participando da formulação estratégica da qual a embalagem faz parte; ou seja: a gestão atual da embalagem se encontra nas áreas operacionais de marketing da empresa ou em seu planejamento estratégico.

O futuro dos sucos concentrados é produzir superconcentrados, como este com tampa dosadora, em que menos de um litro do produto faz doze litros de bebida.

Bico aplicador, com gatilho e design futurista, apresentado na Interpack em 2005.

Embalagem de café torrado e moído para o consumidor sofisticado. Utiliza autovácuo e válvula que libera o CO_2 produzido em seu interior.

Não se trata de uma crítica, nem considero isso um demérito para os profissionais que hoje atuam no setor. Essa constatação apenas demonstra a realidade que nossa proposta pretende modificar em benefício, inclusive, desses mesmos profissionais, que ganharão maior participação no processo, caso venha a ser implantada.

A cadeia produtiva da embalagem

Com base na matéria-prima, que se origina, basicamente, de três fontes – madeira, minerais e petróleo –, a embalagem é fabricada em indústrias especializadas, denominadas convertedoras. Uma vez fabricadas, elas são entregues aos fabricantes dos produtos, que as utilizarão em suas linhas de envase. Esses fabricantes são denominados envasadores. Uma vez colocados para sua proteção e conservação em embalagens primárias, os produtos são acondicionados para o transporte e a distribuição em embalagens secundárias de embarque, ou transporte, como são denominadas.

Então, os produtos são distribuídos, até chegarem ao varejo e ao consumidor, que os utilizam e descartam sua embalagem. Após serem descartadas, elas vão para o lixo ou voltam ao processo – por meio da reciclagem.

Para que tudo isso aconteça, entram em ação várias empresas e um grande número de profissionais de especialidades diversas, que contribuem para que tudo funcione da melhor maneira possível, permitindo que o produto chegue a seu destino em perfeitas condições de consumo.

Vamos seguir, então, todo o percurso, mostrando os pontos nos quais a Gestão Estratégica de Embalagem deve intervir para obter melhorias e vantagens competitivas.

A matéria-prima

Cerca de 40% de todas as embalagens são produzidas com base em madeira transformada em celulose e, conseqüentemente, em papel, papel-cartão e papelão, sendo a própria madeira também utilizada. As embalagens plásticas, produzidas com base no petróleo transformado em resinas poliolefinas, representam aproximadamente 30% do total. Embalagens metálicas produzidas com aço e alumínio respondem por 20%, enquanto o vidro, cujo principal componente é a areia de origem mineral, perfaz 8,5% do total de embalagens produzidas.

As indústrias produtoras de matéria-prima produzem-nas para várias aplicações, mas a embalagem representa uma parte importante e significativa para a grande maioria delas.

Um dos fatores diferenciais do Programa de Inteligência de Embalagem® é o monitoramento estratégico do comportamento das matérias-primas e sua repercussão nas embalagens da empresa. Durante a crise do petróleo dos anos 70, um gerente de embalagem alertou sua organização para o fato de que mais de 60% dos produtos da empresa utilizavam embalagens derivadas dessa commodity e, com o aumento explosivo dos preços, esses produtos se tornariam muito caros, pondo em risco o próprio negócio.

Hoje, com o impacto do crescimento acelerado da economia chinesa no consumo de matérias-primas, os preços internacionais estão sujeitos à ação desse país e precisam ser acompanhados.

Uma grande indústria no México utiliza cinco tipos diferentes de embalagem e varia a participação de cada uma delas em sua produção, conforme as condições favoráveis ou adversas de seu fornecimento.

Parcerias estratégicas envolvendo os fornecedores de matéria-prima, em sua maioria empresas grandes e poderosas, são altamente recompensadas. Há várias formas de integração que podem ser adotadas, desde a compra direta de matéria-prima até ações conjuntas visando a conquista de maior participação de mercado, trazendo os fabricantes da matéria-prima para atuar em conjunto com os envasadores.

O lançamento da embalagem do Leite Moça, da Nestlé, teve participação decisiva da CSN, fabricante da folha-de-flandres, da qual a nova lata é feita. Isso mostra que cada embalagem é o resultado da ação de uma cadeia produtiva, que deve ser conhecida em detalhes e acionada em conjunto sempre que houver oportunidade.

Empresas médias e até pequenas podem adotar essa estratégia, pois as indústrias de matéria-prima estão cada vez mais conscientes de que dependem das vendas dos envasadores para comercializar seus produtos e, conseqüentemente, estão mais abertas a esse tipo de proposição.

Os convertedores

As indústrias fornecedoras de embalagem, por sua participação no processo, não podem mais ser entendidas e tratadas apenas como fornecedores, mas sim como parceiros estratégicos do programa de Gestão Estratégica de Embalagem. Conhecer esses parceiros, suas fábricas e os recursos de que dispõem é uma das mais importantes tarefas do novo profissional, que deve olhar não apenas para a qualidade e a capacidade de fornecimento, mas, principalmente, para a capacidade que essas empresas têm de participar no desenvolvimento de novas soluções e alternativas de embalagem, a fim de obter algum tipo de vantagem competitiva, pois as embalagens competem por cadeia.

Cadeias mais enxutas e integradas tendem a levar vantagem na competição. O novo gestor de embalagem deve atuar para que a integração entre a empresa e seus parceiros fornecedores de matéria-prima e de embalagens acabadas seja eficiente, para que ocorra um trabalho conjunto nos projetos estratégicos, de modo a obter melhores combinações operacionais e financeiras.

Esse é um ponto que merece grande atenção, pois aqui podem ser encontradas soluções que favoreçam enormemente a capacidade de competir do produto.

A linha de produção e envase

Os equipamentos de envase e a maneira como estão dispostos e são operados nas linhas devem ser objeto de estudo minucioso, pois podem abrir boas oportunidades de evolução e melhorias do processo e do Sistema de Embalagem como um todo. Os fabricantes dos equipamentos devem ser chamados a participar dos desenvolvimentos estratégicos, pois podem contribuir com sua *expertise*, gerando até mesmo pequenas alterações que tragam resultados significativos.

A logística de distribuição

Ganhos logísticos devem ser sempre buscados e considerados nos estudos da cadeia produtiva. Desde a localização e as distâncias envolvidas no transporte das embalagens dos convertedores para os envasadores, incluindo o peso e o volume das embalagens na paletização, tudo isso precisa ser conhecido, estudado e considerado.

A possibilidade de produção das embalagens na planta de envase, tanto própria como terceirizada em parcerias estratégicas, deve ser incluída no planejamento logístico. Isso vale também para a entrega dos produtos na rede de distribuição, que também apresenta oportunidades de ganhos.

A logística reversa, isto é, a possibilidade de utilização de embalagens retornáveis e daquelas que podem ser revendidas, recicladas ou apresentam alguma possibilidade de ganho marginal, é condição que também merece atenção.

Os quatro estágios da cadeia, considerados como um todo, representam um espaço de ação privilegiado para os novos gestores de embalagem, constituindo o alicerce do Sistema de Embalagem do qual trataremos a seguir.

Os outros agentes do Sistema de Embalagem da empresa

A cadeia produtiva de embalagem é posta em movimento por uma série de definições que estabelece parâmetros, procedimentos e funções. No momento zero da concepção do produto, a principal definição surge das características de produção, do conseqüente envase do produto e do tipo de proteção física, química e microbiológica que sua conservação requer. Isso resulta em equipamentos que serão instalados na fábrica, derivando daí o tipo de embalagem que será adotado. Na grande maioria dos casos, a embalagem é definida pelo processo industrial e pelos equipamentos que foram adquiridos, e não o contrário, com a embalagem escolhida definindo o tipo de equipamento que será adquirido, como seria desejável.

Uma vez que a embalagem for definida, cabe ao marketing ou à área comercial da empresa, aquelas que têm contato com o mercado, encaminhar o projeto de design e contratar serviços especializados, por meio de um processo de seleção de agências ou profissionais qualificados para produzir o desenho. Em nossa proposta, essa seleção deve ser acompanhada pelo gestor de embalagem, que precisa participar de todas as atividades relacionadas à embalagem.

Existe uma série de procedimentos organizados para garantir que essa importante atividade cumpra os procedimentos necessários para o design da embalagem. Vale lembrar aqui que o produto é uma entidade complexa, formada por componentes tangíveis — racionais, objetivos — e componentes intangíveis — dos quais fazem parte os significados de caráter simbólico incorporados pelo desenho e os sentimentos e emoções evocados por eles. Esse conjunto forma um 'pacote' que reúne tudo que o produto é e aquilo que significa.

A embalagem é o veículo, objeto que faz a entrega desse produto ao consumidor, que a considera, conforme constatado em pesquisa do Comitê de Estudos Estratégicos da Abre, um componente indissociável de seu conteúdo. Para o consumidor, a embalagem e seu conteúdo constituem uma única entidade indivisível, sendo, hoje em dia, um item de avaliação e referência cada vez mais relevante no processo de escolha dos produtos.

É o design que transforma uma mercadoria formada por ingredientes e processos industriais numa 'entidade' cheia de significados, que a torna mais desejada pelo consumidor.

O design é também o componente integrador do Sistema de Embalagem por estar presente no mo-

Frascos plásticos feitos com materiais que apresentam autobrilho e transparência valorizam os produtos em seu interior.

Esse pote termoformado separa o produto úmido dos crocantes e oferece ao consumidor o melhor dos dois componentes.

Embalagens em papel-cartão com formatos diferenciados para sair do padrão retangular e destacar o produto.

Uma forma eficiente de encontrar diferencial competitivo é procurar no supermercado outros tipos de embalagem que poderiam ser utilizados pelo produto com o qual estamos trabalhando. Esse frasco plástico, por exemplo, contém um pó para preparo de waffles. Quem disse que frascos não podem servir para produtos desse tipo? O produto chamou minha atenção por se destacar em relação aos demais de sua categoria, que são tradicionalmente embalados em cartuchos de papel-cartão. Uma das características que buscamos desenvolver nos futuros gestores estratégicos de embalagem é a capacidade de 'pensar fora da caixa' e visualizar novas possibilidades a partir do que já existe.

mento zero da concepção do produto, durante o qual o tipo e a forma da embalagem são definidos, considerando já as demais etapas, com suas especificações técnicas. Mas é sobretudo no design que estão expressas as características e informações que permitirão ao consumidor reconhecer, identificar e utilizar o produto, ou seja: o design tem de considerar, desde o primeiro momento, todo o processo que a embalagem fará até o descarte pelo consumidor no final.

Pesquisas, informações e parâmetros

Para a confecção do design, uma série de informações precisa ser reunida, de forma a oferecer ao designer os parâmetros e conhecimentos necessários para tornar a arte-final o elemento de ligação entre as várias indústrias que atuarão no processo. Vale lembrar que a embalagem que chega ao consumidor, muitas vezes, é formada por vários componentes produzidos em fábricas diferentes. Um frasco de xampu, por exemplo, é composto pelo frasco em si, o rótulo, a tampa e a caixa de embarque. Esses quatro componentes são originados em indústrias diferentes, que precisam se juntar no processo, se encaixar e rodar na mesma linha de envase. Os parâmetros técnicos que permitem que isso aconteça são reunidos no mesmo design e consolidados na arte-final.

Além dos parâmetros técnicos, existem ainda os componentes de marketing, que reúnem os conhecimentos sobre o que o consumidor deseja comprar, quais são os aspectos que ele valoriza no produto, como compra e como utiliza.

Seus hábitos e atitudes em relação ao produto devem ser conhecidos por meio de pesquisas realizadas por empresas e profissionais especializados. Também é preciso estudar a competição no ponto-de-venda, ou seja, como o produto é exposto, quem são seus concorrentes e como estão posicionados na categoria, pois o conhecimento desses elementos é determinante para o posicionamento do produto. Ou ele se posiciona de forma consciente e intencional na categoria, ou será posicionado por ela à sua revelia.

Todos esses parâmetros e informações precisam ser organizados num briefing, que será transmitido à agência de design, para que ela consolide tudo no desenho final, que depois será fornecido às várias indústrias participantes do processo. Esse procedimento é de fundamental importância para o resultado a ser obtido, e o gestor de embalagem deve participar ativamente de sua elaboração, desde o levantamento das informações até a reunião que vai transmiti-las aos designers. O gestor precisa também acompanhar a condução do projeto com o marketing, e deve se responsabilizar pela implantação do design aprovado, fazendo a coordenação do projeto e a conexão entre as indústrias participantes e a produção da empresa onde a embalagem será utilizada na linha de envase. Essa parte final da implantação já é feita hoje pelos gestores de embalagem; a primeira parte do processo, que inclui o levantamento das informações e a interação com o design, é a tarefa incorporada à atuação dos novos gestores.

Um dos mais importantes papéis a serem desempenhados por esses gestores é a condução do programa de inovação da embalagem, que é a forma mais eficiente de comunicar diferencial e obter vantagem competitiva. É muito difícil, caro e demorado inovar no produto, por isso a inovação de embalagem deve ser objeto de grande atenção e de um programa exclusivo. A inovação exige o envolvimento de toda a empresa e de seus parceiros fornecedores, devendo contar com um gestor responsável que a torne parte integrante do dia-a-dia da empresa, merecendo, por sua importância, dedicação intensiva. O programa de gestão de inovação faz parte do programa de gestão de estratégia de embalagem que estamos propondo.

Até aqui, descrevemos as diversas interfaces dos sistemas que precisam ser integrados e geridos pelo novo gestor estratégico. A cadeia produtiva, com seus quatros componentes (matéria-prima, convertedores, linha de produção e envase), compõe a logística de distribuição. Os agentes da área mercadológica, como o design, a pesquisa, o marketing e a inovação, resultam na embalagem física, que vai para o mercado em busca do consumidor.

Já tratamos também dos componentes construtivos, agentes e ações que têm por objetivo colocar no mercado a melhor e mais competitiva solução de embalagem.

Em resumo, a função do novo gestor de embalagem é compreender em profundidade o sistema e a contribuição de cada uma de suas peças para obter o máximo em cada etapa do processo, aproveitando as oportunidades. Ele deve disponibilizar conhecimentos e informações, de forma sistemática e organizada, para que o marketing possa incorporá-los a seu planejamento. Deve participar da elaboração do plano, fazendo com que a embalagem seja incorporada e ofereça o máximo da contribuição para a empresa.

A embalagem é um fator decisivo no novo cenário competitivo e já está incluída no custo do produto. Portanto, sua máxima utilização é uma forma inteligente de a empresa utilizar seus recursos. Uma vez colocada no mercado, a embalagem tem ainda um amplo papel a desempenhar, sendo assim objeto da atuação dos responsáveis por sua gestão, que ampliarão ainda mais sua contribuição ao esforço competitivo da empresa.

Utilização da embalagem como ferramenta de marketing

O programa de utilização da embalagem como ferramenta de marketing deve ser conduzido em conjunto com o gerente de marketing, com o apoio e a participação intensiva do gestor de embalagem.

Existem mais de cinqüenta ações catalogadas de utilização da embalagem como suporte para ações de marketing e ações promocionais. A embalagem pode conduzi-las sem aumentar o custo do produto, tornando-o mais eficiente na competição de mercado e obtendo uma série de retornos do consumidor. Para que isso aconteça de forma sistemática, é preciso estabelecer um programa de ação cuja base se encontre na gestão logística, uma vez que uma embalagem promocional precisa entrar no lugar da embalagem normal, substituindo-a enquanto durar a promoção.

A gestão dos estoques da embalagem anterior e a operação de encerramento de sua produção, com a nova entrando em seu lugar, exigem que alguém esteja no controle da operação. Um programa intensivo que exija trocas constantes só pode ser realizado com gestão especializada.

A função do novo gestor de embalagem vai muito além da coordenação dessas operações; ele precisa estar inserido no programa de marketing, participando de sua operação, para propor e viabilizar ações diferenciadas e de maior complexidade, que só podem ser realizadas por empresas que disponham desse profissional. Assim, sua participação constituirá um verdadeiro diferencial, desequilibrando a competição no ponto-de-venda. Conduzir um programa intensivo de utilização da embalagem como ferramenta de marketing é, sem dúvida, uma das mais importantes atribuições do novo profissional.

Utilização da embalagem como veículo de comunicação

Faz parte do programa de utilização da embalagem como ferramenta de marketing sua incorporação ao plano de marketing e comunicação da empresa, pois, ao fazer o contato com o consumidor, ela pode conduzir mensagens que potencializam a propaganda, abrindo novas possibilidades sem aumentar o custo do produto. É possível dirigir mensagens publicitárias institucionais ou de incentivo a custo zero para os consumidores do produto, ampliando o contato com a empresa e gerando muito mais *inputs*.

Tudo o que acontece na campanha publicitária do produto — seus anúncios, slogans, personagens e tudo o mais — deve ser reproduzido na embalagem para ligar definitivamente o produto à sua comunicação e aumentar o número de mensagens veiculadas.

O novo gestor de embalagens deve sempre participar das reuniões de briefing e de condução de projeto com as agências de propaganda, para integrar a embalagem nesse esforço, disponibilizando todos os recursos que o Sistema de Embalagem da empresa oferece. Assim, os publicitários, com sua criatividade, poderão sugerir e criar as ações que integrarão a embalagem e a decorrente ação publicitária, ampliando consideravelmente sua repercussão, como veremos no capítulo que trata desse assunto.

Caso não haja investimento em propaganda, é possível fazê-la na embalagem, anunciando lançamentos, promovendo a venda de outros produtos da empresa ou fazendo propaganda institucional, numa dinâmica que vai potencializar a comunicação dos produtos e da marca de forma intensa e sistemática.

A nova fronteira da embalagem

São muitas as funções assumidas pela embalagem ao longo do tempo, tanto que, para utilizar todas as possibilidades dessa poderosa ferramenta, são necessários profissional e gestão especializados. A amplitude dessas possibilidades não pára de aumentar, conforme a sociedade humana e seu modo de vida vão se transformando. Na era da Internet, uma nova função está abrindo as fronteiras de utilização da embalagem por meio de sua integração com as ações da empresa na Web. Com o fenomenal crescimento da rede mundial de computadores e do tempo de permanência on-line de seus usuários, as empresas viram a necessidade de disputar uma parcela do tempo e da atenção dos internautas, colocando seus produtos na rede.

O resultado é que os produtos mais importantes do mercado, os líderes de categoria, estão desenvolvendo hotsites exclusivos, fora do site das empresas que os produzem. Nesses endereços eletrônicos, o consumidor é convidado a entrar no 'mundo do produto' e a participar de atividades a ele relacionadas, que são de seu interesse. Exemplos de ponta desse tipo de ação têm demonstrado que enquanto o hotsite se tornou o 'endereço do produto', a embalagem é seu melhor cartão de visita, pois faz contato direto com os consumidores do produto.

Utilizar a embalagem para fazer o link e levar o consumidor até o hotsite do produto é uma nova e importante função que deverá se incorporar ao Programa de Gestão Estratégica, sendo cuidado por seus novos gestores. Trata-se de uma ação de vanguarda que exerce forte impacto no desempenho competitivo

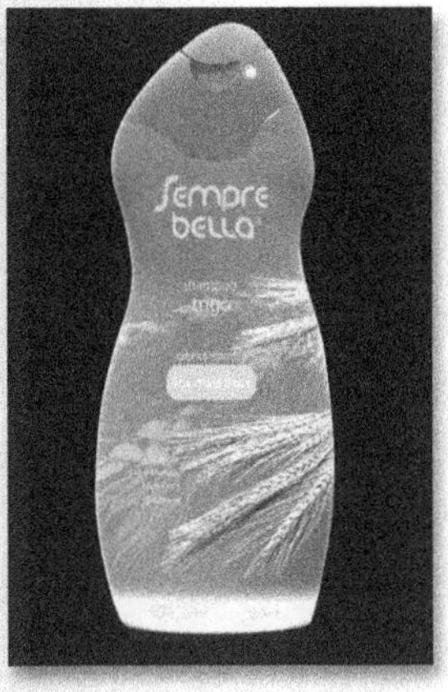

O primeiro xampu com design assimétrico.

Integração total com a Web.

O novo design ajudou a ressuscitar essa categoria nas gôndolas.

Verso radical de cereal matinal que fala a linguagem de seus consumidores.

Originalmente a embalagem de Omo era em formato horizontal. Agora esse formato foi relançado na edição comemorativa dos 50 anos do produto.

Nos EUA a Coca-Cola criou um programa de recompensas aos seus consumidores utilizando as embalagens como suporte.

das empresas que a adotam, e, para que isso aconteça efetivamente, é essencial que se tenha gestão especializada e profissionais qualificados e dedicados para conduzir o processo de integração.

A Gestão Estratégica do Sistema de Embalagem da empresa

Em razão de sua amplitude e complexidade, a Gestão Estratégica do Sistema de Embalagem da empresa, com o objetivo de transformá-lo numa efetiva ferramenta de competitividade, exige gestão e metodologia especializadas.

Esses pré-requisitos não estavam disponíveis de forma que pudessem ser objeto de estudos para instrumentalizar a ação de uma nova geração de profissionais prontos a assumir essa função, dando ao sistema uma nova dimensão e importância.

Como vimos, são atividades muito diversificadas envolvendo várias indústrias, empresas e profissionais de formações diferentes que precisam trabalhar de forma integrada para que os resultados sejam alcançados. As empresas que adotarem a Gestão Estratégica do Sistema de Embalagem, mesmo as pequenas, terão novas possibilidades de utilização do Sistema de Embalagem de que a empresa dispõe.

Como foi possível perceber, a compreensão detalhada do sistema e de seus componentes é o ponto de partida de nosso trabalho. Quanto maior o sistema e o número de produtos de que a empresa dispõe, maior o efeito que pode ser obtido, pois maiores serão as vantagens para a empresa.

Uma vez compreendidos os conceitos que estão contidos nessa proposta, é possível aos profissionais que já atuam na área aplicá-los e aprofundá-los, dando uma nova dimensão à sua atual função e ao Sistema de Embalagem das empresas em que trabalham.

Algumas definições importantes

1. Cada produto é uma entidade complexa que precisa ser compreendida como tal.
2. Cada produto ocupa uma posição no mercado e na hierarquia de contribuição para o resultado da empresa.
3. Cada produto compete numa categoria, e a categoria determina o tipo de competição.
4. Cada produto tem um papel no Sistema de Embalagem da empresa, e esse papel precisa ser compreendido.
5. É preciso definir como cada produto participa da estratégia geral do sistema.

Segundo pesquisa da A/C Nielsen apresentada no Congresso Brasileiro de Embalagem, 52% dos consumidores afirmam que lêem as embalagens.

UM NOVO PROFISSIONAL, UMA NOVA METODOLOGIA

Para que a Gestão Estratégica de Embalagem nas empresas se torne realidade é preciso um novo profissional que se encarregue de implantá-la e conduzi-la.

A criação desse profissional representa um grande desafio, pois a diversidade de atividades e os conhecimentos necessários para a execução de suas novas atribuições são difíceis de reunir numa única pessoa, que deverá combinar conhecimentos técnicos e mercadológicos com gestão de pessoas e projetos. Não é nossa pretensão formá-lo com este livro, mas dar um primeiro passo nessa direção.

Em primeiro lugar, é preciso que esse novo profissional compreenda que a embalagem é o resultado de um sistema complexo e multidisciplinar que exige, para sua condução, o conhecimento aprofundado de seu funcionamento. Em segundo lugar, ele deve ter o desejo de comandar o processo, assumir grandes responsabilidades, liderar pessoas e projetos, unir agentes e empresas e atuar como elemento integrador, fornecendo o norte operacional para que o sistema se transforme em uma poderosa ferramenta de competitividade para a empresa e seus produtos.

Conhecimentos diversificados, habilidades e criatividade são exigências que recaem sobre esse novo gestor, que está longe de ser um especialista, mas que deve ter o conhecimento básico que o faça interagir com os vários especialistas que atuam no processo. Deve ser um conhecedor da embalagem em todos os seus aspectos e suas peculiaridades, mas principalmente de sua contribuição para o negócio da empresa, pois seu objetivo será obter o máximo dos recursos que o Sistema de Embalagem pode oferecer.

Tanto os profissionais que já atuam na área da embalagem como os que atuam na área de marketing ou do produto podem se desenvolver para atuar nessa nova função, que exigirá os seguintes conhecimentos como base de sua qualificação:

1. O que é a indústria de embalagem?
   Como as embalagens são produzidas, quais são as principais tecnologias aplicadas em sua fabricação?

Lata premiada com sobretampa plástica que permite ver a cor da tinta no interior da embalagem.

Garrafa de água com empunhadura para facilitar a utilização.

Embalagem com bico aplicador do pó anti-séptico operado com o pé.

Como a cadeia de embalagem está estruturada e como funciona?
Quais são as principais empresas que atuam no setor, o que produzem e como competem entre si?

2. Como a embalagem protege e conserva o produto?
Quais são as principais características de proteção física, química e microbiológica dos materiais e das tecnologias aplicadas na proteção e na conservação dos produtos?
Onde é possível encontrar a informação tecnológica sobre esse assunto?

3. Como a embalagem é utilizada na linha de produção?
Quais são as principais tecnologias, processos e equipamentos de envase?
Como funciona uma linha de produção e envase?
Quais são os fatores críticos relacionados a embalagem, qualidade, produtividade, codificação, rastreabilidade, logística etc.?

4. Quais são as funções mercadológicas da embalagem?
Qual é o papel da embalagem na constituição mercadológica do produto?
Como se compõem o custo e o preço final? Como determinar a posição do produto no ponto-de-venda perante os concorrentes? Como ajudar na formação da imagem da marca e em sua divulgação?
Qual é o papel da embalagem como ferramenta de marketing? Como ela se integra no planejamento de marketing e comunicação da empresa e como seu design atua para isso?

5. Qual é o papel da embalagem na estratégia geral da empresa?
Como a embalagem participa no esforço geral da empresa para competir?
Como a embalagem pode gerar inovação e diferencial competitivo?

6. Como conduzir projetos, programas e gerenciar as pessoas envolvidas no processo? Como funciona a gestão de maneira geral? Quais são os conceitos teóricos que instrumentalizam sua condução?

Todos esses conhecimentos serão exigidos no trabalho do novo gestor da embalagem, como base de sua atuação. Ainda que não necessite se aprofundar em todos eles, é preciso que o gestor conheça o suficiente para conseguir uma interlocução eficiente com as várias áreas profissionais com que se relacionará.

Ele não precisa conhecer em detalhes a tecnologia dos equipamentos instalados na linha de envase, mas deve conhecer seu funcionamento, características e limitações, para, na busca de seus objetivos, interagir com a área de produção. O mesmo deve ocorrer com os demais agentes do processo.

O que norteará, na verdade, a formação desse novo profissional é a visão de uma utilização mais completa e efetiva do sistema de embalagens. Isso possibilitará que ele saiba quais conhecimentos deverá buscar e como obtê-los.

O roteiro de estudo que apresentamos no final deste livro vai orientar a busca pela formação e aperfeiçoamento desse profissional.

Nossa expectativa é de que as vanguardas formadas pelos profissionais que já atuam na área movam-se para ampliar seus conhecimentos, alargando o alcance de sua atuação na empresa, fazendo com que a embalagem seja elevada às áreas mais estratégicas, tendo suas funções mais valorizadas.

A formação acadêmica de uma nova geração de profissionais ficará a cargo das escolas que estruturarão os cursos que atendam às exigências que essas funções demandam de seus integrantes.

Nossa principal referência na formação desse novo profissional é a Bauhaus, escola criada em 1919, na Alemanha, para formar o novo profissional que a evolução industrial estava demandando. Era necessário formar desenhistas que compreendessem o funcionamento da indústria, seus processos de fabricação e os recursos de suas máquinas, para que pudessem projetar objetos para reprodução em escala de produção. Além de conhecer a indústria, eles deveriam conhecer o desenho, a arte e a cultura da sociedade a que os produtos se destinavam. Esse projeto educacional vanguardista se deparou no início com as seguintes questões:

- O que ensinar?
- Como ensinar?
- Quem ensinará e como conduziremos esse processo de aprendizado?

A solução inovadora encontrada para essas questões resultou numa nova metodologia educacional que hoje é objeto de estudo das escolas de pedagogia. A pedagogia da Bauhaus alterou o método acadêmico de então, no qual o 'mestre', do alto de seu saber, transmitia seus conhecimentos aos alunos, que os reproduziriam a seguir.

Na Bauhaus, juntaram-se três grupos distintos: os mestres da forma, que eram os arquitetos e artistas fundadores da escola; os mestres da indústria, que eram os professores dos liceus e das escolas industriais; e os alunos. Todos caminharam juntos para a formação de um profissional que ainda não existia: o designer.

Ao conceber o design como prática projetual, destinada a criar produtos para reprodução industrial em série, a Bauhaus mudou a paisagem do século XX. Mais recentemente, nos anos 60, um novo profissional foi concebido, e as empresas passaram a dispor de um gestor de marketing para organizar sua atuação no mercado, tornando-as mais eficientes e assertivas.

Os novos profissionais abriram caminho a partir dos conceitos que fundamentaram suas atividades e ocuparam posições nas empresas que colocaram em ação as novas idéias. O tempo, a qualidade desses conceitos e o talento de seus executores fizeram com que tanto o design quanto o marketing se tornassem atividades consagradas, cuja contribuição estratégica para a empresa é amplamente reconhecida na atualidade.

Acreditamos que a Gestão de Embalagem, em sua abordagem estratégica, seguirá caminho semelhante. Ela começa sua caminhada por meio da difusão dos conceitos que a fundamentam e do fornecimento de uma metodologia básica de gestão, que possa ser aplicada nas empresas por uma nova geração de profissionais.

À medida que seus resultados se concretizarem, mais empresas se interessarão por ela, e outros profissionais também se dedicarão a ela, numa dinâmica que beneficiará a todos.

Uma nova metodologia que requer um novo profissionalismo – esse é o conceito da Gestão Estratégica de Embalagem.

Ao observar atentamente as gôndolas, é possível perceber quais produtos estão vendendo mais.

PARTE II

O PROGRAMA DE INTELIGÊNCIA DE EMBALAGEM®

O PROGRAMA DE INTELIGÊNCIA DE EMBALAGEM® E SEUS COMPONENTES

O Programa de Inteligência de Embalagem® é uma metodologia de gestão do Sistema de Embalagem da empresa. É o programa integrador de três outros subprogramas voltados para os pontos pelos quais a vantagem competitiva pode ser obtida com maior facilidade e menos recursos. São eles: o programa de design, o programa de inovação e o programa de utilização de embalagens como ferramenta de marketing, veículo de comunicação e elo de integração com a Web.

Inteligência de Embalagem® é um conceito que preconiza a utilização integral do Sistema de Embalagem da empresa, transformando-o numa ferramenta de competitividade. Para isso, ele sistematiza uma série de procedimentos e atividades por meio de um objetivo central, para o qual todas as ações convergem.

A primeira e mais importante atividade do programa é a fixação do objetivo central e, para efetivá-lo, é necessário proceder a um completo diagnóstico do Sistema de Embalagem da empresa, a fim de conhecer em detalhes suas características, deficiências e potencialidades. Esse diagnóstico nos dará um panorama sobre o universo de atuação, e, com base nele, é possível chegar a conclusões que servirão de base para a montagem de uma estratégia geral de ação.

Tendo o diagnóstico e uma vez fixado o objetivo central do Programa de Inteligência de Embalagem®, o primeiro dos subprogramas a ser implantado é o de design, uma vez que ele tem repercussão direta sobre o desempenho do produto no ponto-de-venda. Lá, está em confronto direto com seus concorrentes e, por isso, tem por objetivo garantir que o produto não fique inferiorizado em relação aos da concorrência.

Embalagem de concepção complexa. A tampa tem pinos de silicone para efeito massageador em dois padrões: soft e hard.

Suco de frutas em garrafas tradicionalmente utilizadas para refrigerantes. Oportunidade para as indústrias de suco entrarem em uma categoria bem maior do que aquela em que estão hoje.

Uma nova leitura para a garrafa de champanhe: design ultra-sofisticado com rótulo sleev.

O programa de design começa no diagnóstico, que deve gerar uma diretriz sobre o que pode ser feito, passando pela montagem da estratégia de design até a contratação do projeto, sua execução e implantação. O gestor de embalagem deve conduzir o diagnóstico e participar, com o marketing, da formulação da estratégia, encarregando-se depois de sua implantação.

O design, por sua importância e pelo impacto que exerce no desempenho do produto, deve ser objeto de atenção cuidadosa e dedicação intensiva, constituindo o primeiro subprograma a ser trabalhado.

O segundo subprograma, que tem ligação direta com o primeiro, podendo ser inclusive desenvolvido em conjunto com este caso haja capacidade de execução para tal, é o de inovação.

A inovação que traz algum benefício ao consumidor aumenta em até 73% as chances de o produto ser bem-sucedido. Ela pode estar no design da embalagem, razão pela qual os dois programas podem ser trabalhados em conjunto. O programa de inovação tem por objetivo explorar as possibilidades de introduzir novidades na embalagem do produto.

O terceiro subprograma tem amplitude bem maior e deve ser iniciado com base no posicionamento da embalagem, obtido com a aplicação dos dois subprogramas iniciais. A utilização da embalagem como ferramenta de marketing, veículo de comunicação e integração com a Web tem por objetivo explorá-la, de forma sistemática e permanente, como suporte. Uma vez que as embalagens da empresa estão com bom design e sustentam sua posição perante os concorrentes, é hora de utilizá-las para conduzir promoções, ações de comunicação e, com isso, desenvolver ações que conduzam o consumidor à hot-arte do produto.

São esses os subprogramas integrados que constituem o programa de Gestão Estratégica de Embalagem.

CAPÍTULO CINCO

COMO MONTAR UM PROGRAMA DE INTELIGÊNCIA DE EMBALAGEM®

O Programa de Inteligência de Embalagem® é integrado por três sistemas que formam a Gestão Estratégica de Embalagem e seu objetivo é, como já dissemos, transformar o Sistema de Embalagem da empresa numa poderosa ferramenta de competitividade. O primeiro passo para a montagem do programa é a realização de um diagnóstico detalhado do sistema.

Temos de conhecer em detalhes seus diversos componentes e suas interações. Os principais dados para isso são encontrados nessa fase do programa, daí a importância de se dedicar a ele uma grande atenção e um cuidado meticuloso.

Uma vez concluídos o diagnóstico e sua síntese, elaboraremos uma estratégia de ação com tópicos bem definidos e que nos permitam ter clara a situação em que se encontra o Sistema de Embalagem e as ações necessárias e oportunidades que se apresentam para levá-lo a um melhor padrão de desempenho, capaz de atingir os objetivos estabelecidos.

Com a estratégia definida e fixados os objetivos, montaremos o plano, estabelecendo que ações vamos realizar em cada uma das cinco peças que formam o programa: Design; Inovação; Uso da embalagem como ferramenta de marketing; Uso da embalagem como veículo de comunicação e ligação com a Internet; Parcerias estratégicas com a indústria de embalagem.

Na Figura 5.1, a seguir, podemos observar essas peças e seus complementos: estabelecimento de uma hierarquia de importância, facilidade de implantação e impacto de cada ação, as responsabilidades, ou seja, quem vai ficar responsável por cada ação ou por partes dela, os cronogramas e o monitoramento do programa, acompanhando o desenrolar dos trabalhos, o cumprimento das metas e dos cronogramas.

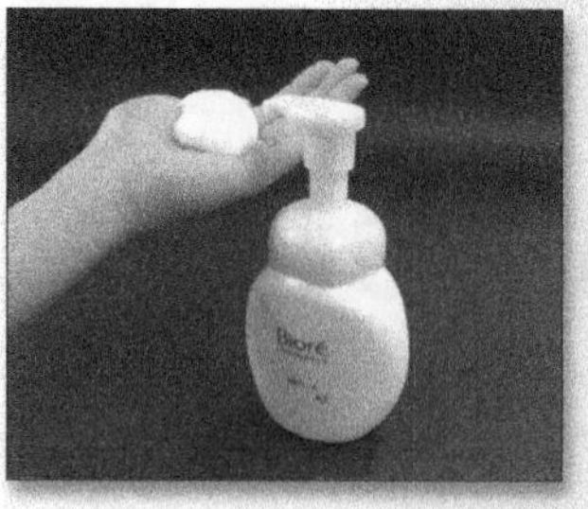

Praticidade na aplicação é sempre um atributo valorizado pelos consumidores.

"A sopa em movimento" (to-go). Copo plástico para aquecer no microondas e tomar em qualquer lugar. A tampa evita queimar os lábios.

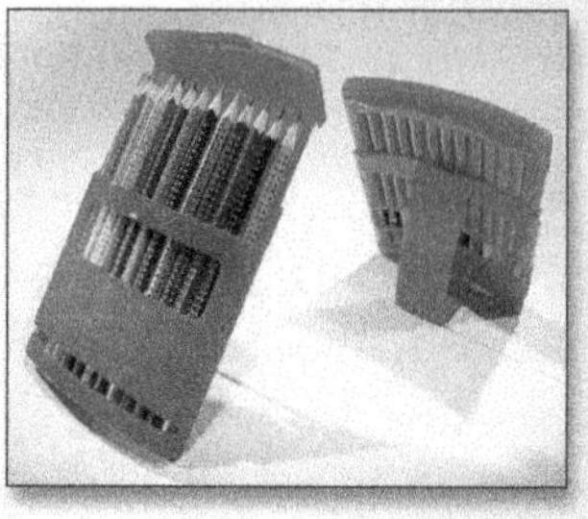

Embalagem com efeito stand up que facilita a utilização dos lápis.

Figura 5.1 As cinco peças que formam o Programa de Inteligência de Embalagem®

A montagem do Programa de Inteligência de Embalagem® consiste em, uma vez realizado o diagnóstico e definidas as ações estratégicas, alocar essas ações num plano operacional de cinco peças, tendo o cuidado de fazer com que todas se encaixem num objetivo central único para todo o programa.

Esse, na verdade, é o ponto principal para o sucesso de toda a operação.

As ações devem ser integradas e voltadas para um mesmo objetivo, evitando assim que se fragmentem ou dispersem e também que idéias e outras demandas que forem surgindo durante a implantação do sistema não contribuam para sua desintegração.

Cada nova ação que surgir no processo deve ser avaliada para se ter a certeza de que ela se integra e se encaixa no objetivo central. Caso contrário, deve ser descartada.

Apenas ações que estão de acordo com estas diretrizes devem ser consideradas; as demais só servem para prejudicar o processo.

A figura final do Programa de Inteligência de Embalagem® deve ficar como vemos na Figura 5.2.

Figura 5.2 **Programa de Inteligência de Embalagem® final**

O mais importante aspecto do programa é a convergência de todas as ações para o objetivo central. Todas elas devem se integrar neste objetivo.

Montagem de um Programa de Inteligência de Embalagem® passo a passo

O roteiro para a montagem do programa é bastante simples. O grande trabalho está em proceder com cuidado e dedicação no cumprimento das etapas que o compõem.

São seis etapas, numa seqüência que se inicia com um briefing detalhado do que devemos conhecer sobre o projeto que vamos realizar (veja a Figura 5.3).

Estudos do Project Management Institute (PMI), organização mundial dedicada à disciplina de gestão de projetos, indicam que 80% dos projetos no mundo falham. Esse número assombroso para uma cifra mundial se deve justamente a problemas de definição no *escopo* do projeto, que acabam acarretando as falhas responsáveis por essa estatística negativa.

Para evitar que falhas aconteçam em nosso programa, devemos proceder com extremo cuidado na elaboração do *escopo* do projeto, que chamamos de briefing. Um briefing malfeito dá uma partida errada no projeto, e depois fica difícil de corrigir.

Assim, é preciso um conhecimento detalhado do Sistema de Embalagem da empresa, das peças, departamentos e pessoas que o compõem e de como ele está funcionando. O conhecimento do Sistema de Embalagem da empresa é fundamental, pois é o cenário onde vamos trabalhar o tempo todo.

Figura 5.3 **O Programa de Inteligência de Embalagem® evolui em seis etapas**

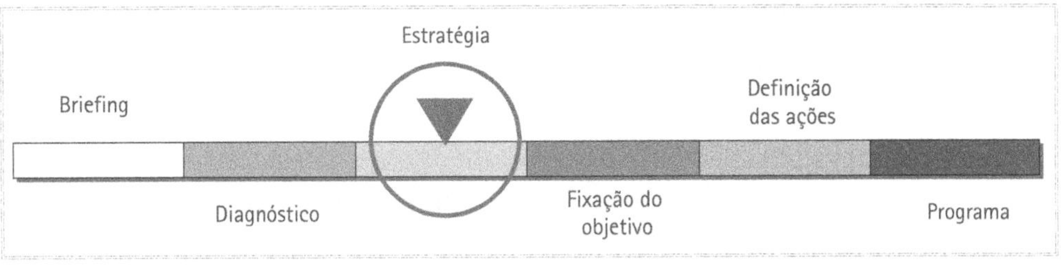

1. Briefing do projeto
2. Diagnósticos
3. Estratégia
4. Fixação do objetivo central do programa
5. Definição das ações nos subprogramas
6. Programa de Inteligência de Embalagem®

1. Briefing do projeto

☐	Produto / embalagem Sistema	◎	Objetivos mercadológicos e estratégicos da empresa
◁	Cenário competitivo Concorrência Mercado	⬡	Consumidor Qualificações Hábitos e atitudes

O briefing consiste no levantamento de informações em quatro campos complementares que permitem conhecer o produto, suas características, a embalagem que utiliza, o mercado em que atua com seus concorrentes e o consumidor que o compra e utiliza. Os objetivos mercadológicos e estratégicos da empresa devem também ser conhecidos para que o projeto tenha uma meta a cumprir e suas ações se dirijam para atingi-la.

É imprescindível preencher o briefing o mais detalhadamente possível.

Siga o roteiro abaixo com as questões que devemos procurar responder.

☐ **Produto**
embalagem

Características do produto.
Histórico.
Como é feito? Como é envasado?
Descrição do Sistema de Embalagem da empresa.
Pontos fortes, deficiências, oportunidades.

◎ **Objetivos**
mercadológicos

Descrição dos objetivos mercadológicos do projeto.
O que a empresa espera que aconteça com o programa?
Quais são seus objetivos estratégicos?

◁ **Concorrência**
Mercado

Características do mercado em que os produtos da empresa competem.
Descrição dos concorrentes, sua participação no mercado e seus principais pontos fortes.
Outras informações disponíveis.

Consumidor

Características do consumidor dos produtos da empresa.
Descrição de seus hábitos e atitudes.
Principais classes consumidoras.
Existem pesquisas?
Outras informações disponíveis.

Uma vez realizado o briefing, é necessário que se proceda a um estudo de campo visitando os pontos-de-venda onde os produtos são comercializados, para observar *in loco* como está acontecendo a competição e como estão posicionados seus concorrentes, no confronto direto das embalagens.

Procedimento básico para um estudo de campo relacionando o que deve ser observado

Não existe trabalho com embalagem sem estudo de campo. O ideal é que se visite mais de um ponto-de-venda, escolhendo os tipos mais representativos, grandes e pequenos, e assim por diante. Deve-se proceder à análise detalhada, anotando as observações para que o estudo não fique subjetivo, mas tenha aferições objetivas e até mensuráveis.

Produtos concorrentes Descrição: Tipos de embalagem, formatos, pesos, quantidade, preços, número de frentes expostas.
Atributos destacados Quais atributos dos produtos estão sendo destacados? Há algum *splash*?
Linguagem visual Cores e imagens predominantes. O que funciona melhor?
Oportunidades Verificar as oportunidades que existem no cenário estudado. Ir fundo nesse item!

Esse reparo de pneus tem o visual típico dos produtos vendidos em lojas de acessórios para carros. Cada categoria tem sua identidade própria, que precisa ser estudada.

Produtos diferenciados como esse, com as duas substâncias separadas no frasco, precisam ser bem compreendidos em suas funções. Não basta a embalagem ser inovadora. É preciso posicioná-la na categoria de forma que o consumidor perceba e compreenda esse diferencial.

Esporte, sol, aventura. Tudo a ver.

Energia e juventude com promoções mirabolantes.

Amaciante em múltiplas apresentações.

As observações do estudo de campo ajudam a esclarecer e completar o briefing e serão úteis em toda a seqüência do trabalho.

Recomendamos que se comprem as embalagens dos concorrentes, pois é sempre útil tê-las à mão durante o desenvolvimento dos trabalhos, uma vez que voltaremos a elas várias vezes, além de necessitarmos delas para o diagnóstico do design.

ATENÇÃO: Muitos casos de sucesso nascem do estudo de campo.

Nesse momento, temos a chance de visualizar oportunidades que podem ser transformadas em estratégias vencedoras.

2. Diagnósticos

Os procedimentos para os diagnósticos de design, inovação e uso da embalagem como ferramenta de marketing estão descritos no capítulo dedicado a esse item.

3. Estratégia

Para a elaboração da estratégia, devemos também proceder conforme foi detalhado no capítulo que trata desse tema.

4. Fixação do objetivo central do programa

Da mesma forma, devemos seguir o que está descrito no capítulo que trata desse assunto, fixando um objetivo central para o Programa de Inteligência de Embalagem®, e realizar todas as ações definidas nos três subprogramas (design, inovação, ferramenta de marketing), que devem convergir para o mesmo ponto, evitando que o programa perca 'energia'.

5. Definição das ações nos subprogramas

Ao traçarmos os subprogramas, conforme descrito no capítulo relativo a esse assunto, é possível obter uma relação de ações estratégicas que devem ser realizadas em cada um deles. Essas ações devem ser apenas identificadas como importantes e necessárias, e listadas para que, ao final, na montagem do programa de inteligência, sejam organizadas e hierarquizadas, ganhando posição definitiva no conjunto das ações que serão desenvolvidas.

Nessa fase do trabalho, é preciso que sejam explicadas a importância e a necessidade real de cada ação, procurando-se restringir ao máximo seu número e concentrando-se apenas nas que são *indispensáveis*.

Assim procedendo, chegaremos ao conjunto de ações que realmente importam e vão fazer diferença na implantação.

O objetivo de cada subprograma é identificar o que precisa e o que deve ser feito em cada aspecto da utilização da embalagem como ferramenta de competitividade. Oportunidades detectadas nesses subprogramas constituem um algo a mais que vai gerar a vantagem competitiva ao final do processo, por isso devemos estar muito atentos a elas, procurando, em cada levantamento, encontrar as brechas na categoria, as deficiências e fraquezas dos concorrentes, os desejos não revelados dos consumidores e demais indicadores que possam ser relevantes.

6. Programa de Inteligência de Embalagem®

Uma vez que todo o trabalho anterior foi concluído e as ações em cada um dos subprogramas estão definidas, chegou a hora de reuni-las, organizá-las e estabelecer uma ordem de prioridade para sua realização, atribuindo responsabilidades em sua execução e cronogramas para que sejam cumpridas.

É preciso ainda ter o cuidado de fazer com que todas as ações sejam integradas e voltadas para o objetivo central do programa, pois, como já dissemos anteriormente, esse é o ponto mais importante de todo o conceito e a proposta da Inteligência de Embalagem®, ou seja, integrar um conjunto de ações estratégicas definidas nos três principais campos do Sistema de Embalagem da empresa para transformá-la numa poderosa ferramenta de competitividade.

O procedimento dessa fase está descrito no Capítulo 4, ficando aqui apenas um reforço sintético sobre o que deve ser feito e os cuidados e atenções que precisam ser tomados nessa fase.

A Figura 5.4 mostra o Programa de Inteligência de Embalagem® com algumas indicações de ações que precisam ser realizadas em cada uma das peças do sistema. Uma das peças não é um programa, mas um procedimento estratégico que deve estar vinculado às ações. Trata-se da integração com a Indústria de Embalagem, que, no conceito de inteligência, não pode mais ser deixada de lado no planejamento das ações, mas ser inserida como um parceiro estratégico no programa. Em função disso, recomendamos que se procure identificar quem são os fornecedores de embalagem e os componentes que estão envolvidos no processo, trazendo-os para participar de forma mais ativa no desenvolvimento das soluções que pretendemos implementar. Os fornecedores devem ser informados sobre o que está sendo buscado, para que possam contribuir, oferecendo sugestões e ajuda especializada naquilo que for necessário.

É muito importante que todas as ações previstas sejam dispostas num gráfico como o apresentado, para serem enxergadas em conjunto.

A visão do programa nos dá uma idéia mais clara da dimensão do projeto de que estamos tratando. Os generais responsáveis pelas estratégias de guerra trabalham sobre um grande mapa, onde todas as peças são dispostas, para que as estratégias sejam traçadas e as ações, definidas.

Já vimos isso em filmes e devemos seguir esse procedimento, pois, sem enxergar o programa como um todo, temos dificuldade em compreender a função de cada peça e a importância de cada ação. Atentem para a Figura 5.4, a seguir. Esta é a figura que deve ser traçada como etapa final do processo de planejamento, antes de se iniciar as ações propriamente ditas.

O ideal seria ter também um mapa semelhante descrevendo o Sistema de Embalagem da empresa, com os departamentos e pessoas envolvidas, para se enxergar o campo de ação como um todo.

Figura 5.4 **Inteligência de Embalagem®**

Esta figura aparece várias vezes neste livro pois ela resume a essência do programa cujo plano de ação nele apresentado, incluindo a hierarquia que estabelecemos entre as ações, seus cronogramas e responsáveis, é o desenho final a que chegaremos no planejamento da Gestão Estratégica de Embalagem.

Uma vez definidas todas as ações, caberá ao gestor conduzir sua execução e monitorá-las, garantindo que elas sejam executadas dentro dos cronogramas estabelecidos.

DIAGNÓSTICO DO SISTEMA DE EMBALAGEM

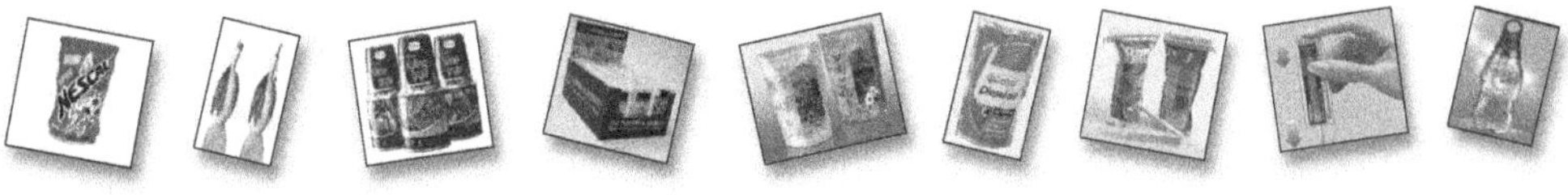

O diagnóstico é o ponto inicial do processo e requer a mais rigorosa atenção, pois tudo o que vai acontecer no projeto depende da correta definição da situação de partida. Compreender o quadro sobre o qual vamos atuar nos dá uma visão mais clara sobre o que precisa ser feito.

Assim, elaboramos um roteiro detalhado para o estabelecimento do diagnóstico.

Os diagnósticos de cada uma das áreas a serem trabalhadas devem atender às características distintas de cada uma, ressaltando aquilo que é relevante e tem maior peso no processo.

Começando pelo programa de design, devemos proceder à análise do design atual das embalagens da empresa, confrontando-o com seus concorrentes.

Esse é o primeiro e mais importante dos diagnósticos, pois se as embalagens da empresa forem diagnosticadas como inferiores às da concorrência, não há o que possa ser feito para mudar sua atuação, a não ser redesenhá-las, para que se tornem mais competitivas. A partir daí é que poderemos aplicar as outras ferramentas.

O primeiro passo para o diagnóstico do design da embalagem é adquirir no mercado os produtos da concorrência e montar um painel completo da categoria para avaliação.

A categoria é determinante para definir como cada produto está posicionado, sendo aí que a competição de ponto-de-venda acontece. Portanto, é de fundamental importância sua mais profunda compreensão. Temos de conhecer a categoria detalhadamente, para compreender claramente como nossos produtos estão posicionados e enxergar os movimentos que podem e/ou devem ser executados.

Primeiro passo

Montagem do quadro da categoria posicionando cada um de seus componentes de acordo com as seguintes classificações:

1. Preço do produto.
2. Participação de mercado/posição que ocupa na categoria. (Por exemplo, definir quem é o líder da categoria, o segundo, terceiro, último e assim por diante.)
3. Agrupar os produtos por cores (caso haja mais de um sabor, fragrância etc.), por tamanho das embalagens e assim sucessivamente. Os tamanhos analisados devem ser iguais ou os mais próximos possíveis.

Segundo passo

Uma vez montado o painel a ser analisado, devemos dividir a análise nos seguintes quesitos (que serão analisados em detalhes na próxima seção):

1. Forma
2. Cor
3. Imagem
4. Logotipo
5. Informações complementares
6. Verso

Cada quesito deve ser analisado obedecendo a critérios objetivos, cujos resultados possam ser dispostos numa planilha pontuada que, ao final, gere um *ranking* de posicionamento de cada um dos participantes.

Sugerimos a adoção de uma tabela de cinco níveis, cujo modelo apresentamos na página 47, pois, de forma geral, pode ser utilizada para avaliar praticamente qualquer produto, processo ou atividade.

Como funciona a escala de pontuação de cinco níveis:

1. É preciso especificar da forma mais simples e clara possível o critério que se pretende adotar na avaliação do item escolhido.
2. Definido o critério, cada embalagem deve ser avaliada quanto à sua adequação ao critério estabelecido, numa escala que atribui pontos.

Assim, se definirmos como critério que a embalagem deve ter uma tampa que permita dosar o produto

Edições especiais como essa servem para estimular o consumidor, testar sua aceitação para novas propostas e revitalizar a imagem do produto.

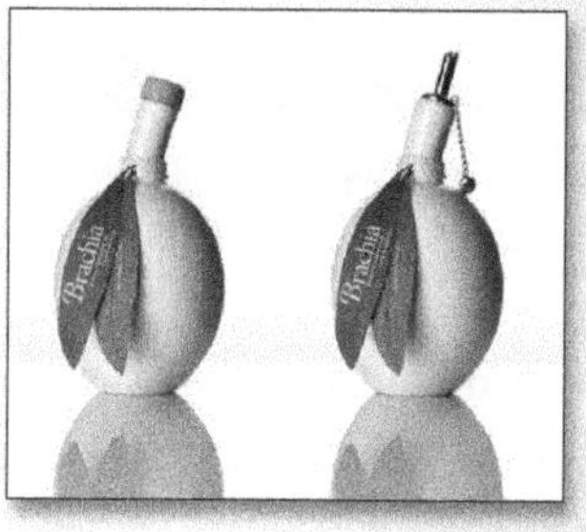

Embalagens como essa funcionam como um posto avançado da marca na casa do consumidor, uma vez que elas lá permanecerão mesmo depois de o produto acabar.

O objetivo do formato dessa lata é se diferenciar de seus concorrentes com embalagens normais e cilíndricas, criando um fato novo na gôndola da categoria.

com precisão e praticidade, devemos experimentar cada um dos itens, dosando e verificando se a dose está correta, se é fácil proceder à dosagem, se a tampa não deixa o produto lambuzado, se, ao ser fechada, não deixa o produto escorrer sobre o frasco e assim por diante.

O produto que atender perfeitamente ao critério estabelecido receberá nota 4. Se atender aos requisitos básicos, mas não fizer isso de forma perfeita, receberá nota 3. Se atender apenas parcialmente, falhando em algum ponto ou aspecto, receberá nota 2. Caso o produto não atenda ao critério, deverá receber nota zero.

Ao final da análise, devemos eleger o produto que melhor atendeu ao critério, ou seja, escolhemos um vencedor, caso algum dos produtos analisados se destaque de forma clara em relação aos demais. Nesse caso, ele receberá nota 7.

Concluída a análise e lançadas as notas na planilha, obtemos um resultado pontuado para servir de base na comparação com nosso produto. O mesmo procedimento deve ser repetido no item seguinte a ser analisado.

Ao final, com as planilhas de todos os quesitos analisados, passamos à conclusão do diagnóstico, consolidando todos os pontos obtidos numa planilha final.

Aqui, podemos aplicar o critério linearmente ou atribuir pesos diferenciados aos quesitos, caso algum deles seja mais relevante que os demais. Se concluirmos, por exemplo, que a forma é muito mais importante nesse tipo de produto que os demais itens, podemos lhe atribuir um peso maior.

Concluído o diagnóstico, teremos uma visão clara da situação em que se encontram nossas embalagens em relação à concorrência e poderemos, então, elaborar uma estratégia que permita ampliar a vantagem competitiva no confronto direto no ponto-de-venda.

Diagnóstico do design das embalagens

Adquiridos os produtos no mercado e montado o painel da categoria, devemos proceder à análise dos seguintes aspectos ou quesitos, dispostos conforme sua importância:

1. A forma

A forma é o principal diferencial de personalidade que um produto pode ter. Ela é exclusiva, pode ser patenteada, atinge dois dos cincos sentidos (visão e tato) e exerce um forte impacto na maneira com que o consumidor percebe o produto.

A forma é ao mesmo tempo uma expressão e um atributo do produto, e como o produto é uma 'entidade complexa', a forma é, sem dúvida, um componente fundamental dessa entidade. Todo produto importante deve ter uma forma exclusiva.

2. A cor

A cor é o segundo item em importância na composição da personalidade do produto, porque, ao contrário da forma, não é exclusiva. Podemos patentear o desenho, mas não a cor. Além disso, ela aciona apenas um de nossos sentidos.

A cor é muito importante porque é a mais eficiente forma de discriminação que existe.

Podemos sintetizar um país, seu povo, sua cultura, sua história utilizando apenas cores, como é o caso das bandeiras da França, da Itália, da Alemanha e de outras formadas apenas por cores. Quando atribuímos uma cor ao produto, na verdade, estamos lhe dando algo que ajuda muito em seu posicionamento e na construção de sua personalidade.

3. Imagem

Imagens são poderosas. Elas contêm uma grande quantidade de informação. É possível explicar muita coisa e despertar os sentimentos, a curiosidade e os desejos do consumidor utilizando imagens.

A escolha da imagem que melhor expresse aquilo que se deseja transmitir é algo de forte impacto no desempenho do produto.

Avaliar a contribuição da imagem para a construção da personalidade do produto não é uma tarefa fácil, uma vez que seu universo de possibilidades é bastante extenso e complexo.

Mas algumas regras básicas podem ajudar a restringir o espaço da análise, conforme veremos em item específico mais adiante.

4. Logotipo

O logotipo é a assinatura do produto e a expressão absoluta de sua identidade.

Há produtos cuja embalagem é formada apenas pelo logotipo escrito sobre um fundo de cor.

O nome do produto é sua melhor forma de identificação, sendo o logotipo o elemento gráfico que 'focaliza' o nome numa entonação particular e distintiva. Quanto maiores a exclusividade e a 'arte' aplicada em seu desenho, mais forte é sua presença no desenho e na personalidade do produto. Logotipos fortes são aqueles que foram desenhados exclusivamente para expressar a personalidade.

Não se deve utilizar letras digitadas no computador como logotipo. Ele precisa ser 'desenhado', não digitado. Avaliar a maneira como os produtos 'dizem' seu nome é uma tarefa mais simples que analisar imagens, mas, mesmo assim, requer algumas diretrizes que precisam ser estabelecidas.

5. Informações complementares

De todas as informações complementares, a mais importante é, sem dúvida, o *splash*. Ele é um 'grito' na embalagem que chama a atenção do consumidor para algo que o produto deseja destacar. Todo produto tem algo que merece ser apresentado ao consumidor com destaque, pois é algo que constitui um diferencial, que ajuda a informar o consumidor sobre atributos, características e valores considerados diferenciais.

Todo produto deve ter um *splash*, pois, além do que já foi dito, ele funciona como um atrativo, pontuando a repetição do produto na gôndola. O *splash* põe mais energia na embalagem, fazendo com que ela se torne mais viva no ponto-de-venda.

Outro elemento informativo que devemos considerar é o 'infoboxe', que consiste no agrupamento das informações em um módulo gráfico, evitando que elas fiquem dispersas no painel da embalagem.

Quando agrupadas, essas informações, além de deixarem de poluir a embalagem, ganham um caráter mais informativo, contribuindo para o fortalecimento do produto como um todo.

A embalagem precisa informar o consumidor, pois isso ajuda no fechamento da venda. Uma vez que o consumidor pega o produto na mão, são as informações contidas na embalagem que ajudam no convencimento final.

6. Verso

O verso da embalagem, muitas vezes negligenciado a ponto de alguns produtos simplesmente repetirem o painel frontal, é um espaço importante a ser trabalhado e que pode contribuir para a extensão da comunicação iniciada na frente da embalagem, o que envolve ainda mais o consumidor com o produto.

Empresas que sabem utilizar o verso de suas embalagens obtêm muito mais vantagens desse recurso e podem desenvolver um número muito grande de ações de marketing, tornando o produto mais competitivo.

A utilização do verso deve sempre ser incluída com prioridade no uso da embalagem como ferramenta de marketing, e a repetição do painel frontal no verso deve sempre merecer nota zero.

Diagnóstico do design passo a passo

Para que se possa compreender melhor o diagnóstico do design e seus procedimentos, usaremos como exemplo a categoria de produtos amaciantes de roupas, cujo estudo foi realizado com os alunos da primeira turma do curso de pós-graduação em Gestão Estratégica de Embalagem da Escola Superior de Propaganda e Marketing (ESPM).

Diagnóstico da forma

É importante ter o estabelecimento do critério que servirá de referência para a avaliação da forma da embalagem. Para estabelecer esse critério, é necessário

Embalagens que não param em pé precisam de apoio para serem expostas. Os supermercadistas adoram esse tipo de embalagem.

O stand up pouche resolveu o problema do saquinho e criou, ao mesmo tempo, novas possibilidades, uma vez que esse tipo de embalagem pode assumir formas e funções muito variadas.

Óleos lubrificantes são uma aplicação crescente dos stand up pouches, que trazem ganhos logísticos para a empresa e menor volume de descarte.

Existem embalagens que não atendem completamente a suas funções e precisam de acessórios. Isso deve ser evitado no projeto.

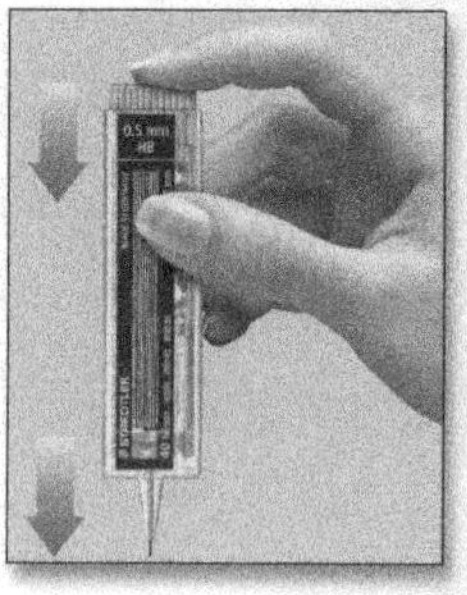

Essa embalagem incorporou uma função dispenser, que permite aplicar o grafite diretamente na lapiseira.

A tampa com trava e a argola permitem que essa garrafa seja amarrada na mochila e carregada por toda parte.

compreender o conteúdo do produto e as palavras-chave que usamos para defini-lo. O exercício de encontrar uma lista de palavras-chave serve para todas as categorias de produto, e, caso haja mais de uma pessoa avaliando, elas devem ser consenso no grupo, que precisa concordar sobre quais palavras serão utilizadas.

Assim, para amaciantes, as palavras escolhidas foram: maciez, aconchego, suavidade, conforto e carinho, por serem atributos associados aos produtos e à sua função.

A função do produto, o que ele faz, o que favorece o consumidor e, principalmente, se realiza o benefício desejado e percebido são pontos de referência utilizados para se chegar às palavras-chave. Outro caminho que pode ser seguido é buscar os significados do produto.

Uma lista inicial deve ser estabelecida de forma livre, usando as referências e depois ir cortando palavras, até chegar ao grupo das que não podem ser cortadas por terem forte ligação com o que o produto é e significa.

Definidas as palavras-chave, temos de transpô-las para os atributos da forma que podem ser relacionados a elas.

No nosso caso, definimos que as formas da embalagem dos amaciantes deviam atender aos seguintes critérios: formas suaves, orgânicas e ergonômicas, com ausência de pontas, linhas retas, ângulos acentuados ou elementos ríspidos ou agressivos.

Fixados esses critérios, cada frasco foi avaliado, utilizando-se a escala de pontuação de cinco níveis (veja a página 47).

Nesse caso, ficou claro que um dos frascos era destacadamente melhor que os demais. Seu desenho era todo arredondado e suave, a alça posicionada no meio do frasco permitia uma melhor empunhadura na hora de despejar o produto, sua tampa foi conceituada para harmonizar com o frasco, integrando-se a ele. O rótulo acompanhava o desenho do frasco incorporando-se completamente ao conjunto.

Os outros frascos tinham forma mais retilínea, alça em cima, o que prejudicava o equilíbrio do frasco ao despejar o produto, os rótulos não se encaixavam bem em alguns casos e as tampas eram genéricas, ou seja, a mesma tampa servia para vários frascos.

Com relação a esse item ficou claro que um novo design de frasco seria necessário, e sua forma deveria ser ergonômica, com a alça no ponto de equilíbrio, quando se entorna o frasco. A alça deve favorecer a empunhadura, sendo mais confortável ao tato; a tampa deve ter desenho integrado ao frasco; o rótulo deve ser transparente, adotando o conceito *no label look*, para se integrar completamente ao frasco, como se não houvesse rótulo e, finalmente, outras inovações deveriam ser propostas para destacar o produto de seus concorrentes. Três sugestões foram feitas.

A primeira foi buscar na indústria de *master bets* (pigmentos para plásticos) um pigmento diferenciado que trouxesse maior luminosidade aos frascos ou que trouxesse textura mais natural, para que as duas possibilidades pudessem ser analisadas.

A segunda sugestão foi adicionar elastômero ao frasco para que oferecesse um toque macio e aveludado ao plástico, tornando-o mais próximo dos atributos do produto.

E a terceira sugestão foi baseada em informações de pesquisas que mostraram que, em sua grande maioria, o consumidor não utiliza a tampa dosadora do produto. Sendo assim, poderia ser empregada uma tampa *flip-top*, mais prática e econômica.

A economia obtida pela troca da tampa seria transferida para compensar o aumento de custo do pigmento especial e do aditivo para o *soft touch*, pois essa categoria de produto apresenta sérias restrições de custo por parte dos consumidores.

Por meio do diagnóstico da forma, foi possível verificar que um dos concorrentes estava em nítida vantagem e, assim, propor diretrizes para o design de um novo frasco.

Diagnóstico da cor

Nessa categoria, existem muitas fragrâncias diferentes e uma profusão de cores, o que tornou o diagnóstico bastante complicado.

No briefing, descobrimos que os tons azuis, lilases e róseos são preferidos sobre os demais, enquanto os pigmentos perolizados trazem mais sofisticação aos produtos associados a texturas sedosas. O critério estabelecido foi uma cor que melhor transmitisse o conceito do produto.

Nesse item, não houve grande discrepância entre os concorrentes, ficando evidente que o produto que trouxer algo novo vai chamar sobre si a atenção dos consumidores. Assim, ficou definida, já no diagnóstico, a necessidade de se buscar algum pigmento diferenciado.

Diagnóstico da imagem

As imagens presentes nos rótulos de todos os concorrentes foram analisadas buscando-se estabelecer paralelos com as características e atributos dos amaciantes.

As mesmas palavras-chave que serviram de base para se estabelecer os critérios de análise da forma foram aqui citadas: maciez, aconchego, suavidade, conforto e carinho.

Nessa análise, um dos concorrentes se destacou bastante por possuir como imagem um urso de pelúcia que expressa de forma perfeita os atributos do produto. Como o personagem símbolo tinha o mesmo nome do produto, este alcançou um alto nível de identificação nome x imagem, fazendo com que a imagem adotada se tornasse uma propriedade da marca.

Essa situação altamente favorável colocou tal produto na dianteira em relação a seus concorrentes, que utilizavam imagens variadas com predominância da cena mamãe x seu bebê, que funciona bem, mas não pertence a nenhum dos produtos e nem mesmo é original dessa categoria, sendo utilizada também em fraldas, leites e outros.

Numa das cenas mamãe com bebê, foi observado que o bebê estava completamente nu em vez de estar aconchegado em um tecido que foi 'amaciado' pelo produto.

Pelo que foi observado no diagnóstico, ficou definido que seria necessário buscar uma imagem relacionada ao nome do produto, de modo a ser exclusiva e com ele identificada.

Diagnóstico do logotipo

Definida como critério a necessidade de o logotipo ser 'desenhado' para relacionar significado ao nome e à personalidade do produto, cada logotipo foi avaliado, e constatou-se que também nesse item um dos concorrentes se destacou.

De modo geral, os logotipos eram muito simples e malcuidados, empregando letras digitadas sem muita elaboração. Existe, portanto, a necessidade/oportunidade da criação de um logotipo desenhado de forma cuidadosa. Antes, porém, é preciso buscar o significado do nome a expressar e uma compreensão mais clara da personalidade real do produto.

Diagnóstico das informações complementares

As informações complementares nas embalagens analisadas eram incipientes e foram muito prejudicadas pelo fato de não haver contra-rótulos na grande maioria delas, o que resultou no congestionamento do painel frontal em razão do acúmulo de informação, uma vez que deveria apresentar também o texto legal.

A conclusão apontou para a necessidade de se incluir um rótulo no verso da embalagem para liberar espaço no painel frontal, a fim de serem incluídas informações complementares e *splashes* com maiores destaques.

Devido ao grande número de atributos desses produtos, a aplicação de chamadas em destaque e *splashes* seria muito bem aproveitada. O critério aqui seria avaliar qual dos produtos utiliza informações complementares que exaltam seus atributos de forma eficiente.

Diagnóstico do verso

O critério para avaliar o verso é verificar se ele está sendo bem aproveitado para transmitir informações úteis ao consumidor, como o modo de preparar e utilizar, receitas e dicas de como obter melhores resultados com o produto, entre outras.

Devemos avaliar também se o verso está sendo utilizado para divulgar ou promover outros produtos da empresa ou apresentar promoções e outras ações de marketing.

Nessa categoria, ficamos chocados ao verificar que, na grande maioria dos produtos, não havia rótulo no verso. É claro que a oportunidade nesse caso está em inserir um contra-rótulo, que faça tudo o que foi especificado no critério de avaliação.

Conclusão do diagnóstico do design

Chegamos à conclusão de que o produto tema do trabalho estava perdendo a batalha da embalagem no confronto direto com os melhores da categoria. Nesse caso, portanto, a embalagem não estava sendo um ponto forte ou fator decisivo na competição no ponto-de-venda, embora não pudesse ser considerada um ponto fraco do produto, pois estava na média da categoria ou até mesmo um pouquinho acima dela.

De qualquer forma, ficou constatado que, dentro do nosso objetivo de tornar a embalagem uma ferramenta de competitividade, era preciso que ela fosse redesenhada para desempenhar esse papel.

Com base no diagnóstico, conseguimos um briefing bastante preciso sobre o que devia ser feito e um roteiro para o design da nova embalagem.

Em primeiro lugar, era preciso uma nova forma, um frasco com desenho orgânico e ergonômico com alça no centro para melhor equilíbrio no manuseio, com empunhadura mais confortável e uma tampa *flip-top* mais fácil de abrir e fechar, além de uma nova cor mais luminosa ou textura natural.

A criação de uma imagem exclusiva que expresse o nome e a personalidade do produto deve ser buscada para se tornar um componente integrante da identidade da marca, assim como um novo desenho do logotipo deve ser desenvolvido com a mesma finalidade. Um *splash* enfatizando o principal atributo do produto e um jobox com as informações complementares devem ser produzidos.

E, finalmente, um rótulo transparente *no label look* e um contra-rótulo superinformativo e promocional completam o conjunto.

Assim, concluímos o diagnóstico de design, que nos aponta a necessidade da contratação de uma agência especializada para executar o serviço.

No trabalho de conclusão de curso e nas aulas da disciplina Metodologia de Design utilizei esses frascos para que os alunos fizessem um exercício de análise da forma, da cor e da imagem. Para isso, foi necessário comprar os produtos da categoria para formar um painel. Ao final das análises, chegamos a um diagnóstico em que as principais diretrizes para o novo design já estavam traçadas.

Como aplicar a tabela de cinco níveis	
Estabelecer o critério do item avaliado. Em relação ao critério fixado, o item avaliado:	
Não atende	0
Atende parcialmente	1
Atende o básico	2
Atende completamente	3
Supera as especificações do critério estabelecido	5

As novas embalagens de marca própria do Carrefour ganharam design moderno e bonito e obtiveram crescimento médio de mais de 150% nas vendas.

Diagnóstico das funções de marketing

Existem mais de cinqüenta ações de marketing catalogadas que empregam a embalagem como suporte. Manter um programa de utilização da embalagem como ferramenta de marketing e veículo de comunicação é um dos pilares do Programa de Inteligência de Embalagem®, devendo o diagnóstico das funções mercadológicas ser feito com os produtos da categoria na qual o novo produto compete.

As embalagens desses concorrentes devem ser analisadas para se verificar que tipo de utilização vem sendo feita e quais ações estão acontecendo no momento.

Voltando ao exemplo dos amaciantes, foram analisadas suas embalagens, e nenhuma ação de marketing foi encontrada, até porque essas embalagens não tinham o contra-rótulo, o que inviabiliza a inclusão de informações promocionais.

A conclusão, nesse caso, é de que existe uma excelente oportunidade de abrir vantagem sobre os concorrentes por meio da utilização da embalagem como ferramenta de marketing e, para isso, a inclusão do contra-rótulo é uma exigência do programa.

Diagnóstico da inovação

A inovação tem impacto na competição, e qualquer um dos concorrentes que lançar algo que traga algum benefício ao consumidor vai obter vantagem competitiva. Para não sermos surpreendidos, assumimos a iniciativa de produzir e lançar a próxima novidade na categoria.

A Gestão Estratégica de Embalagem e seu programa de inteligência oferecem uma metodologia que permite à empresa manter um programa permanente de inovação.

Na categoria amaciantes, uma nova tampa, *flip-top*, mais prática de usar, e o acabamento *soft touch* no plástico, para permitir um toque suave no contato com a pele, constituem novidades que chamarão a atenção do consumidor. Essas novas características podem ser comunicadas e exploradas como diferencial de marketing.

Diagnósticos complementares

Devem ser analisados também os aspectos ligados à produção, à linha de envase e aos fornecedores.

Sabemos que há ganhos logísticos e, em alguns casos, também economias diversas quando a embalagem é produzida na mesma planta onde o produto é envasado. Sabemos também que parcerias estratégicas podem ser firmadas com indústrias de embalagem que fornecem para a empresa.

Diagnosticar a situação de produção e fornecimento da embalagem também é necessário. Lembramos que os fornecedores de embalagem não podem mais ser entendidos e/ou tratados como meros fornecedores de insumos industriais. Dentro da nova visão, a indústria de embalagem precisa ser integrada ao programa de inteligência como parceira estratégica, participando e contribuindo com sua *expertise* no desenvolvimento dos projetos estratégicos da empresa. Essa parceria deve incluir não apenas as indústrias de fornecedores, mas também os fabricantes de matéria-prima que estão por trás desses convertedores, uma vez que estes são, em geral, grandes empresas que dispõem de recursos e podem contribuir com pesquisas, informações e suportes.

No caso dos amaciantes do exemplo, a indústria de pigmentos, o fabricante de resina e o fabricante dos fracos devem ser acionados para fornecer os novos pigmentos e o tratamento *soft touch* que estamos buscando. A indústria de rótulos deve ser chamada a apresentar uma nova solução de rotulagem no *label look* e, finalmente, o fabricante da tampa será solicitado a desenvolver uma nova solução que seja fácil de abrir, despejar corretamente o produto sem escorrer nem lambuzar o frasco. A tampa *flip-top* será uma novidade nessa categoria.

Síntese do diagnóstico

Com o diagnóstico, sintetizamos tudo o que foi levantado até aqui para que essas conclusões sirvam de base para a elaboração da estratégia geral do programa.

O diagnóstico apontou a necessidade de um novo design que inclui algumas inovações. Além disso, existe a oportunidade de se incluir um contra-rótulo para desenvolver um programa de utilização da embalagem como ferramenta de marketing.

Essas ações constituem a síntese do que foi levantado no diagnóstico. Agora, conhecemos melhor nossa situação, a posição em que nos encontramos na competição de mercado e sabemos o que fazer para atingir uma melhor situação na busca da vantagem competitiva.

Roteiro básico para a qualificação de elementos para diagnóstico

1. Qualificação do produto
   - Nome, códigos (nome fantasia).
   - Características operacionais de fabricação.
   - Estrutura da embalagem e seus componentes (especificação detalhada da embalagem).
   - Fornecedores da embalagem (qualificação de cada fornecedor).
   - Quantidade produzida (dia/mês/ano).
   - Posição que o produto ocupa na escala de contribuição para o resultado da empresa.
   - Outras contribuições do produto.
2. Qualificação da embalagem
   - Estrutura da embalagem e seus componentes (especificação detalhada da embalagem, descrevendo o formato, materiais utilizados, tipo de impressão, número de cores e outros parâmetros técnicos necessários à sua produção industrial).
3. Qualificação da categoria
   - Nome, definição.
   - Características gerais da categoria.
   - Tamanho, histórico etc.
   - Concorrência (qualificação de cada competidor).
   - Tipos de embalagem utilizados pela concorrência (detalhados e com os respectivos fornecedores).
   - Posição que o produto ocupa no ranking da categoria.
4. Qualificação das funções de marketing
   - Design: forma, cor, logotipo, imagem, verso.
   - Atributos: atributos destacados etc.
   - Ações de marketing.
   - Ações de comunicação.
   - Ações de integração com a Web.
   - Outras ações.
5. Qualificação do consumidor
   - Definição do consumidor do produto.
   - Quais atributos ele mais valoriza no produto?
   - Como ele utiliza o produto?
   - Existem pesquisas?
   - Que mais se sabe sobre o consumidor do produto?
   - Pedir relatório ao SAC.
   - Traçar o retrato do consumidor.
6. Observações complementares relevantes
   - Observações do sistema interno que são relevantes para a montagem da estratégia.

- Observações sobre a categoria que são relevantes para a montagem da estratégia.
- Observações sobre os concorrentes que são relevantes para a montagem da estratégia.
- Observações sobre o consumidor do produto.
- Descobertas e insights que podem contribuir para o programa estratégico da empresa.

Diagnóstico dos concorrentes-chave

1. Descrição da embalagem que eles usam.
2. Descrição detalhada dos fornecedores com custos dos componentes e custo final da embalagem completa.
3. Quais são as indústrias capazes de produzir a embalagem do concorrente?
4. Avaliação técnica da embalagem do concorrente.
5. Análise do sistema de produção e logística dos componentes.
6. Para onde o concorrente pode evoluir no futuro próximo?

Algumas definições importantes

1. Cada produto é uma entidade complexa que precisa ser compreendida como tal.
2. Cada produto ocupa uma posição no mercado e na hierarquia de contribuição para o resultado da empresa.
3. Cada produto compete numa categoria e a categoria determina o tipo de competição.
4. Cada produto tem um papel no Sistema de Embalagem da empresa e esse papel precisa ser compreendido.
5. É preciso definir como cada produto participa da estratégia geral do sistema.

Ao lado, alguns exemplos de embalagens internacionais.

MONTAGEM DA ESTRATÉGIA GERAL DO PROGRAMA

Após conhecer o Sistema de Embalagem da empresa e feito o diagnóstico inicial, todas essas informações precisam ser consolidadas numa estratégia geral que determina o caminho que será seguido, para se atingir o objetivo fixado para o Programa de Inteligência de Embalagem®.

Estratégias bem-sucedidas são, na maioria das vezes, aquelas que conseguem ser, ao mesmo tempo, simples e compreensíveis. Portanto, é preciso selecionar as ações mais fáceis e rápidas de implantar, dando preferência às que apresentarem maior possibilidade de impacto no desempenho competitivo do sistema. A combinação desses dois fatores resulta em estratégias eficientes, e é recomendável que se proceda dessa maneira ao elaborar a estratégia do programa.

No próprio diagnóstico, conforme descrevemos anteriormente, estão as diretrizes que vão orientar a escolha das ações mais urgentes, de maior gravidade, e as que são mais rápidas e fáceis de implantar. Sendo assim, a síntese da estratégia visa atender ao que foi apontado no diagnóstico, sintonizando o processo ao objetivo central fixado para o Sistema de Embalagem da empresa.

Liderança competitiva

A liderança é o mais poderoso conceito de marketing.

A liderança é excludente. Andar à frente da categoria, liderando tendências, é a estratégia mais forte que um programa de embalagem pode adotar.

Para isso, é necessária a adoção do programa completo, até as últimas conseqüências, imprimindo uma dinâmica intensa de utilização da embalagem.

As empresas líderes e poderosas sempre procuram adotar essa estratégia, pois seu objetivo é se manter na posição conquistada. Os líderes enxergam o que está sendo feito e corrigem sua estratégia, mantendo-se à frente. Mas essa estratégia não é exclusiva das grandes empresas e pode ser adotada

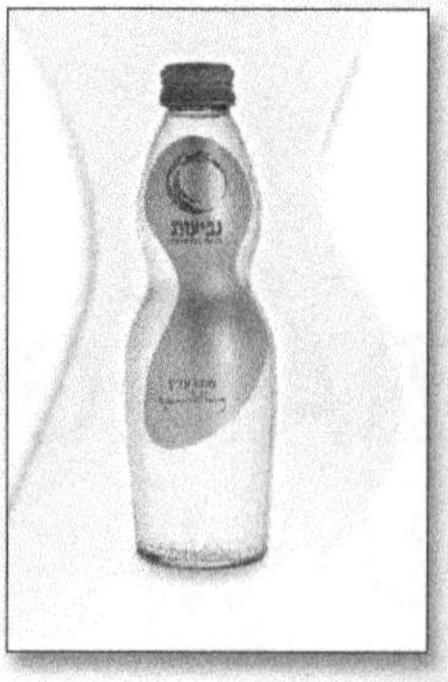

O design é sempre um recurso de efeito que tem repercussão no desempenho do produto. A possibilidade de aplicar o design de forma estratégica nunca deve ser negligenciada.

A tecnologia provê soluções que posicionam o produto em patamares diferenciados. A melhor maneira de conseguir isso é trabalhar de forma integrada com os fabricantes de embalagem.

O furo na base do frasco fez toda a diferença nessa embalagem por causa das características do produto.

também por empresas menores, que se disponham a tomar todas as providências necessárias para implantá-la.

Inovação: a estratégia-surpresa

A inovação traz consigo o elemento-surpresa que desequilibra a competição.

Manter um programa intensivo de inovação é uma estratégia acessível a empresas de qualquer tamanho. A inovação é a forma mais eficiente de capturar valor, criar diferenciação e obter vantagem competitiva. Qualquer empresa pode criar algo novo e surpreender seus concorrentes. A melhor estratégia é manter um programa de inovação permanente, evitando ser surpreendido.

Promoção intensiva como estratégia competitiva

O calendário promocional representa uma grande oportunidade de vendas.

A forma mais intensiva de fazer promoção na embalagem é acompanhar o calendário promocional, lançando edições voltadas a eventos, como Natal, Dia das Mães, Páscoa, Copa do Mundo, Olimpíadas etc. Seguir o calendário promocional exige estruturação operacional.

Essa estratégia é mais indicada para empresas com uma linha focada em produtos. Manter um programa intensivo de utilização da embalagem como ferramenta de marketing funciona muito bem para empresas que conseguem se organizar operacionalmente para executar essa estratégia e, como isso não é fácil de conseguir, trata-se de uma estratégia que poucas empresas têm condições de adotar.

Posicionamento

Ou como fazer valer a posição ocupada na categoria.

Quem é líder pode observar o que acontece abaixo dele e adotar aquilo que está dando certo, mantendo-se sempre na liderança. Quem está bem atrás não tem nada a perder e pode inovar mais radicalmente, tentando fazer aquilo que ninguém está fazendo e que os líderes não podem se arriscar a fazer: identificar posições vulneráveis e desenvolver ações para ocupá-las com embalagens criadas especialmente para esse fim; ocupar posições diferenciadas com embalagens fora de série, capazes de surpreender os consumidores e os concorrentes; adotar uma estratégia de nichos, utilizando embalagens focadas em grupos específicos de consumidores, que não seguem tendências, e assim por diante.

Estratégia de linha

Usar a linha de produtos para competir com força total.

Um produto ajuda o outro adotando uma identidade de linha com todas as embalagens iguais. A embalagem trabalha para a marca. Os produtos podem ser combinados em ações promocionais.

Em busca do ponto estratégico relevante

Toda estratégia bem-sucedida acertou em algum ponto ou pontos que foram decisivos para que o resultado positivo fosse alcançado.

Na montagem da estratégia geral do programa, devemos buscar sempre aquele ponto que vai fazer a diferença. Esse ponto, que chamamos de PONTO ESTRATÉGICO RELEVANTE, freqüentemente resulta de uma combinação de dois fatores: uma *novidade* apresentada na categoria na qual o produto concorre que traz algum *benefício* percebido pelo consumidor. A conjunção desses fatores é poderosa, pois a inovação que traz algum benefício ao consumidor aumenta em mais de 70% a chance de sucesso do produto. Devemos sempre buscar na montagem da estratégia aquele ponto decisivo.

Roteiro básico para encontrar o ponto estratégico relevante

Quem sabe o que está procurando tem mais chance.

O primeiro passo é descobrir o que o consumidor realmente considera ou percebe como valor do produto, ou seja, qual valor o produto tem para o consumidor?

Para isso, é preciso realizar uma pesquisa para conhecer a relação do consumidor com o produto.

De posse dessa informação, devemos buscar uma inovação, algo que seja uma novidade na categoria na qual o produto compete, e juntar as duas coisas numa solução que ofereça ao consumidor algo que nenhum dos concorrentes está oferecendo no momento.

A busca pelo ponto estratégico relevante precisa estar sempre presente nos Programas de Inteligência de Embalagem®.

Escolha da estratégia mais adequada ao diagnóstico obtido

A estratégia define o grande diferencial que um projeto pode ter.

A estratégia pode dar ênfase a um dos pontos encontrados no diagnóstico e que melhor se ajuste ao Sistema de Embalagem da empresa.

A combinação das ações mais fáceis e rápidas de aplicar, com maior ou menor impacto, gera uma equação que pode orientar essa escolha.

Adotar uma estratégia que seja mais fácil e rápida de aplicar em combinação com aquela que gera maior impacto é sempre um bom caminho.

Conceito de valor ao consumidor como base estratégica do programa

Valor é aquilo que o consumidor percebe como tal.

O consumidor é o senhor do fato econômico e deve estar sempre no centro da estratégia da empresa.

O ponto de partida para isso é a pesquisa que permite conhecer os hábitos, as atitudes e o relacionamento do consumidor com o produto. A pesquisa fornece o conhecimento básico que deve orientar a montagem da estratégia.

Retirar valor do consumidor, tirando dele algo a que atribui algum valor, é o caminho certo para o fracasso. Ponha o consumidor no centro da estratégia e faça tudo o que for possível para atender a seus anseios e desejos. Assim, reforçamos nossos laços com ele, que é o responsável direto por tudo o que o produto consegue no mercado. Pode parecer uma proposta muito simples, mas ainda não foi inventado nada que supere a satisfação do cliente como receita para o sucesso dos produtos.

Síntese da estratégia

Não acredito em estratégias que precisam de mais que uma página para ser explicada.

É importante apontar com clareza e precisão o ponto estratégico relevante, aquele que centraliza as ações do Programa de Inteligência de Embalagem® em cada subprograma: design, inovação e uso da embalagem como ferramenta de marketing.

ATENÇÃO! Destacar apenas um ponto central em cada programa.
Uma quantidade grande de pontos gera dispersão e perda de energia no sistema.

Embalagem multipack
de alimento para gatos em *stand up pouches.*

FIXAÇÃO DO OBJETIVO CENTRAL DO PROGRAMA

Esse é o momento crucial de todo o processo, pois ter um foco preciso é o mais importante para a montagem do programa e vai depender muito do conhecimento da empresa, de seus produtos, de como eles competem no mercado e dos recursos internos de que ela dispõe para produzi-los e dotá-los de embalagens competitivas.

A convergência dos objetivos de marketing com as metas de crescimento, as ações defensivas, as correções que precisam ser feitas e outros aspectos identificados no diagnóstico do sistema conduz a uma conclusão que deve, necessariamente, indicar uma direção a seguir.

Essa direção deve apontar para uma meta a ser atingida. Tal meta deve representar a síntese dos objetivos da empresa expressa na gestão de seu Sistema de Embalagem.

Assim, para fixarmos o objetivo central do programa, devemos, em primeiro lugar, realizar o diagnóstico proposto anteriormente e, tomando por base suas conclusões sintetizadas na estratégia proposta, analisá-las à luz dos objetivos da empresa. Quando essas conclusões estão sintonizadas com os objetivos da empresa e a estratégia proposta se encaixa neles, podemos afirmar que temos realmente um objetivo geral definido para o Programa de Inteligência de Embalagem®.

Apresentamos, a seguir, dois exemplos de diagnósticos sintéticos que foram transformados em objetivos centrais dos projetos desenvolvidos para a Ripasa e a CSN, indústrias fabricantes de matéria-prima para embalagem, que entenderam, já em 1998, seu papel como agente impulsionador do desenvolvimento de novas soluções de embalagem nas cadeias em que atuam.

É importante notar que essas indústrias que não produzem embalagens, mas estão na base da cadeia produtiva, enxergaram oportunidades para contribuir decididamente com seus parceiros, indo até a fase final do processo. Suas propostas resultaram em embalagens de grande impacto no mercado, conquistando muitos prêmios, tanto no Brasil como nos concursos internacionais em que participaram.

Embalagens regulares e com design gráfico afirmativo de sua personalidade funcionam bem, mas apenas para produtos que têm marca forte para sustentá-lo.

Sucesso imediato e estrondoso. Esse produto foi rapidamente imitado, pois sua embalagem standard não conseguiu protegê-lo dos concorrentes.

A lata de tinta transparente é expressão de um conceito que pode ser estendido a outras categorias (a transparência é mágica e pode ser aplicada com sucesso em categorias que ainda não a utilizam).

O conceito de Inteligência de Embalagem® consolidou-se nesses dois projetos, que propiciaram também a compreensão, na prática, do novo papel desempenhado por esse tipo de empresa na competição por cadeias produtivas.

A compreensão de que a competição se dará cada vez mais por cadeias integradas, em vez de empresas isoladas, está no centro dessa estratégia e deve ser sempre considerada pelos gestores de embalagem na elaboração de seus programas. Eles devem chamar para o processo seus parceiros na indústria de embalagem, desde os fornecedores de matéria-prima até os fornecedores de componentes, para que juntos ajudem a empresa a obter melhores resultados com seu Sistema de Embalagem, tornando-se mais competitiva.

Os exemplos que apresentamos a seguir dão bem a dimensão desse tipo de ação.

Programa de Inteligência de Embalagem® da Ripasa

A Ripasa é fabricante de papel e produz papel-cartão para a indústria de embalagem, divisão que foi atendida pelo programa.

Situação em 1998 – início do programa

A empresa tinha três fábricas de papel antigas, com equipamentos também antigos, e não conseguia alcançar os altos padrões de qualidade oferecidos por seu principal concorrente, que dispunha de fábrica e equipamentos atualizados. Isso gerou uma imagem negativa no mercado, uma vez que se afirmava que o papel da Ripasa era pior que o do concorrente, o que era verdade naquele momento. Isso estava sendo explorado comercialmente para prejudicar a imagem da empresa e rebaixar o valor de seus produtos.

Diagnóstico síntese

Produto com imagem de baixa qualidade.

Linha de produtos confusa e não compreendida pelo mercado.

Objetivo central fixado para o Programa de Inteligência de Embalagem® da Ripasa

Posicionar o papel Ripasa como uma alternativa competitiva aceita pela comunidade gráfica, formadora de opinião.

Em função desse objetivo central, a estratégia da empresa foi demonstrar ao mercado que, embora seu produto fosse efetivamente inferior ao do concorrente, ele constituía uma alternativa muito competitiva, pois era adotado por empresas líderes do setor, que utilizavam o papel Ripasa com bons resultados.

As ações que se seguiram foram agrupadas no modelo de cinco peças que apresentamos neste livro. Da aplicação do programa resultou que, em oito meses, já havia se consolidado no mercado formador de opinião do setor gráfico a constatação de que peças gráficas de qualidade, produzidas pelas melhores empresas do mercado, estavam conquistando os prêmios mais importantes do mundo graças à utilização do papel Ripasa.

Ações envolvendo parcerias estratégicas que abrangiam setores inteiros foram executadas com sucesso, um programa de design intensivo gerou uma grande coleção de embalagens vencedoras e um programa exclusivo voltado para o setor calçadista foi implementado, para chamar a atenção do principal consumidor dos produtos da empresa sobre a importância da caixa de sapatos para a afirmação da imagem de qualidade do fabricante e para agregar valor percebido ao produto.

Programa de Inteligência de Embalagem® da Companhia Siderúrgica Nacional (CSN)

A CSN é a única fabricante nacional da folha-de-flandres, matéria-prima utilizada na confecção das embalagens de aço. Tem, portanto, grande interesse no desenvolvimento dessa cadeia e, sobretudo, em manter suas posições, uma vez que essas embalagens consomem cerca de 30% de toda a produção da empresa, constituindo um item importante de seu portfólio de produtos.

A lata de aço vai completar duzentos anos em 2010 e, como todo material mais antigo, veio cedendo espaço aos novos materiais que passaram a ser utilizados, principalmente depois da Segunda Guerra Mundial, como o alumínio e os plásticos.

A empresa percebeu que precisava agir para garantir a competitividade de sua cadeia produtiva e desenvolveu um Programa de Inteligência de Embalagem® para isso.

Situação em 1998 — início do programa

As embalagens de aço vinham perdendo mercado em algumas categorias de produto, especialmente na dos óleos comestíveis, na qual a entrada do PET criou uma alternativa à tradicional lata de óleo, que há décadas vinha alcançando sucesso.

Diagnóstico síntese

A embalagem de aço tinha parado no tempo e precisava evoluir com novas soluções.

Objetivo central fixado para o Programa de Inteligência de Embalagem® da CSN

Reposicionar a embalagem de aço, mostrando ao mercado que ela está se renovando e ainda é uma alternativa competitiva.

Em função desse objetivo foi traçada a seguinte estratégia de ação:

1. Defender as posições já ocupadas pela lata de aço com novas soluções e embalagens revitalizadas.
2. Avançar para novas posições ainda não ocupadas pela embalagem de aço, a fim de chamar a atenção do mercado e dos consumidores para o fato de a lata de aço estar se expandindo.
3. Criar propostas que tenham impacto na opinião pública e nos formadores de opinião, surpreendendo-os com demonstrações da vitalidade das embalagens de aço.

O programa de design CSN gerou, em um período de alguns anos, a mais impressionante série de embalagens vencedoras de concurso, conquistando todos os prêmios internacionais do setor e gerando grande impacto no mercado.

Parcerias estratégicas, envolvendo às vezes seis ou sete empresas num único projeto, demonstraram a importância da integração da cadeia e geraram embalagens inovadoras.

A utilização de outros materiais – como plásticos e alumínio em conjunto com o aço – geraram novas soluções de embalagem.

Novos processos de fabricação com tecnologias trazidas pela CSN, como a expansão mecânica do aço, abriram novas perspectivas para o design das embalagens, permitindo que, agora, tivessem formas exclusivas, um dos maiores desejos dos produtos líderes.

O caso mais importante de aplicação dessa nova tecnologia foi a lata do Leite Moça, cuja repercussão excedeu todas as expectativas das empresas envolvidas no projeto e estabeleceu um novo paradigma no mercado. O *case* dessa embalagem é apresentado no final do livro com outros casos de projetos que aplicaram a metodologia de Inteligência de Embalagem®.

Embalagens de vidro para café solúvel com *shape* exclusivo.

PARTE III

OS SUBPROGRAMAS

SUBPROGRAMAS DO PROGRAMA DE INTELIGÊNCIA DE EMBALAGEM®

Como já abordado anteriormente, o Programa de Inteligência de Embalagem® é integrado por três subprogramas que alocam as ações que precisam ser desenvolvidas pelos gestores estratégicos de embalagem. A função do Programa de Inteligência é estabelecer o objetivo geral das ações, evitando que elas se esparramem em várias direções.

O primeiro subprograma é o de design, pois sua contribuição faz com que as embalagens da empresa não fiquem inferiorizadas no ponto-de-venda, perdendo na competição direta com seus concorrentes, já que, se isso acontecer, todas as demais ações não surtirão o efeito desejado. Sabemos que o consumidor utiliza as embalagens para formar opinião e decidir a compra no ponto-de-venda. No Brasil, essa decisão, segundo pesquisas, acontece em mais de 80% dos casos, uma vez que a decisão de compra é tomada no ponto-de-vendas, tendo a embalagem como mediadora no confronto direto entre os produtos concorrentes.

O design é o componente integrador do processo no Sistema de Embalagem, exercendo impacto direto e participando em tudo o que vai acontecer no programa.

O segundo subprograma é o de inovação, que está ligado diretamente ao programa de design. Como é muito difícil e caro inovar no produto, sendo muito mais fácil e rápido inovar na embalagem, o design é uma forma muito eficaz de promover inovações. Muito do que se consegue nesse programa é obtido pelo design.

A inovação é a forma mais eficiente de obter diferenciação e conseguir vantagem competitiva. Um estudo da Nielsen, apresentado no Congresso Brasileiro de Embalagem em 2006, permitiu compreender que a inovação que traz algum benefício ao consumidor aumenta em mais de 70% as chances de sucesso de um lançamento de produto ou embalagem.

Saquinho clássico que explora o conceito 'janela', por onde o consumidor olha para ver o que tem dentro. A janela tem o poder de atrair a curiosidade.

Um conjunto de embalagens diferentes para o mesmo produto oferece ao consumidor a possibilidade de escolher a que mais lhe convém.

Bandeja de papel revestida com PET, plástico que resiste a altas temperaturas e permite que ela vá ao forno convencional ou microondas.

Isso é muito importante, porque, nesse mesmo estudo, constatou-se que, de todos os produtos lançados, 80% saem do mercado em até dois anos.

Toda empresa que utiliza embalagens deve montar um programa permanente de design como forma de se manter na vanguarda das categorias de que participa. A empresa que não inova está condenada a andar atrás de seus concorrentes, sujeitando-se a colher as sobras que deixarem.

O terceiro subprograma é o de utilização da embalagem como ferramenta de marketing. A empresa que tem um Sistema de Embalagem pode contar com a oportunidade de desenvolver uma série de ações de marketing, utilizando suas embalagens como suporte.

Pode ainda utilizá-las como veículo de comunicação e como elo com seus consumidores que utilizam a Web. Trata-se de uma nova fronteira que se abre para sua atuação, e os gestores da embalagem precisam atuar com o marketing, desenvolvendo ações sistemáticas que vão transformar o Sistema de Embalagem da empresa numa poderosa ferramenta de competitividade.

São três programas integrados que exigem a atenção da empresa e uma nova visão.

Os profissionais da Gestão de Embalagem precisam atuar nessas três dimensões, desenvolvendo ações integradas pelo Programa de Inteligência de Embalagem®, conforme descreveremos nos próximos capítulos.

O subprograma de design

O design é, ao mesmo tempo, expressão e atributo do conteúdo. Um bom design, correto, bonito e atraente impacta no desempenho do produto, agindo no confronto direto com seus concorrentes no ponto-de-venda. Segundo pesquisa do Point-of-Purchase Advertising Institute (Popae), mais de 80% das decisões de compra são tomadas no ponto-de-venda e têm a embalagem como referência.

Perder a batalha do ponto-de-venda por causa de uma embalagem cujo design foi derrotado pelas concorrentes é uma tragédia para qualquer produto de consumo, sobretudo porque sabemos que um design deve durar, no mínimo, dois anos sem sofrer grandes alterações, para evitar que o consumidor perca a referência de sua identidade.

Sabemos também que cerca de 90% dos produtos expostos nos supermercados não dispõem de qualquer apoio de marketing ou de promoção, dependendo exclusivamente da embalagem para competir, ou seja, em 90% dos casos, a embalagem e seu design representam a vida e a morte do produto.

Quando olhamos para o consumidor e para o que já se estudou sobre suas atitudes de consumo, constatamos que eles são, antes de tudo, pessoas que reagem não como consumidores, mas principalmente como seres humanos, que interagem com os produtos por meio de seus sentidos, anseios e emoções.

Uma pesquisa do Comitê de Estudos Estratégicos da Abre, que analisou a relação do consumidor com as embalagens, demonstrou que existem duas dimensões claramente definidas nessa relação. A abordagem na qual o consumidor avalia os aspectos racionais, como ingredientes e desempenho, e os atributos funcionais que cumprem ou não a promessa feita na embalagem e na comunicação, atendendo ao que o consumidor espera do produto.

Na dimensão que envolve aspectos emocionais da compra, o consumidor é envolvido por sensações, sentimentos, lembranças, recordações e pelo apelo simbólico que expressa aquilo que o produto significa.

Segundo o neurocientista Steve Rose, em seu livro *O cérebro do século XXI*, a mente humana não trabalha apenas com informação, mas especialmente com significados. No caso da embalagem, são exatamente esses significados que transformam o que seria, do ponto de vista racional, uma mercadoria formada por ingredientes e processos que desempenham algumas funções que atendem a necessidades objetivas numa 'entidade' cheia de significados que envolvem emoção e sentimentos, tornando o produto mais atraente e desejado.

Nessa dimensão emocional, o *status* – a sensação de estar comprando algo que afirma a auto-imagem e a posição social ou o poder de compra do consumidor – tem mais peso na decisão de compra que os aspectos racionais que devem, como a qualidade ou o desempenho, apenas validar a promessa do produto. Ninguém compra um relógio da marca Rolex porque ele é preciso em registrar horas, mas este é o principal atributo utilizado para justificar a compra.

Assim, os atributos emocionais decidem a compra, enquanto os racionais validam a decisão tomada. Isso não acontece uniformemente em todos os produtos, apenas naqueles a que o consumidor atribui alguma importância especial e naqueles aos quais está ligado emocionalmente por alguma razão.

Os produtos líderes e os mais desejados são aqueles que foram adotados pelo consumidor para fazer parte de sua vida, e, para conquistar essa importante deferência, o produto precisa ter algo a mais e que vai além de aspectos racionais de compra. Nenhum consumidor se sente realmente feliz adquirindo um produto que oferece apenas o básico, como ficou claro com os produtos de marca própria que, durante duas décadas, tentaram, sem sucesso, convencer os consumidores a comprar produtos cujas embalagens eram muito inferiores visualmente aos produtos das marcas fabricantes.

Os produtos de marca própria começaram a ganhar maior aceitação quando os supermercados passaram a investir em design de melhor qualidade, tornando as embalagens mais competitivas, assemelhando-as aos produtos de marca.

Uma outra conclusão importante obtida na pesquisa da Abre é que o consumidor não aceita ser tratado como de 'segunda classe', que recebe nas embalagens dos produtos que compra um tratamento inferior ao oferecido pelas marcas líderes aos seus clientes. O consumidor que compra produtos que não o valorizam em suas embalagens toma essa atitude porque, provavelmente, é pobre e tem restrições orçamentárias, mas está em constante mudança para os produtos que oferecem melhor apresentação com preços similares.

Assim, chegamos ao ponto decisivo dessa introdução: o design agrega significado e valor percebido ao produto, tornando-o uma entidade mais atraente e desejada. O melhor investimento que uma empresa pode fazer num produto de consumo é dar a ele uma boa, se possível, uma ótima embalagem, razão pela qual o programa de design é o primeiro dos subprogramas da Gestão Estratégica de Embalagem que precisa ser implementado, pois seu impacto é imediato, evita a perda de vendas para os produtos que estão inferiorizados na competição e garante maior competitividade a todos os demais.

Introduzir um programa de design é rápido e não exige grandes investimentos, como é o caso da compra de equipamentos, veículos ou instalações.

Com base no que foi estabelecido no diagnóstico e no que ficou definido na estratégia geral e fixado no objetivo geral do programa, o projeto de design já pode ser desenvolvido conforme o passo-a-passo a seguir.

Roteiro básico do programa de design

Uma vez concluído o diagnóstico e definida uma estratégia integrada com o objetivo geral do Programa de Inteligência de Embalagem®, os passos para a implantação do programa de design são os seguintes:

Briefing de design

Contratação de uma agência

Implementação do programa

Antes de dar início ao processo de contratação de uma agência de design, é necessário preparar um briefing detalhado que possa ser oferecido a ela. Uma vez definida a agência, é preciso conduzir o trabalho acompanhando cada etapa, para garantir que o design responda ao que foi estabelecido na estratégia. A implantação desse design deve ser feita de forma a integrar a indústria de embalagem no processo, para garantir que a proposta de design encontre sua melhor implantação.

Definição de um briefing

1. Produto/embalagem

   Fornecer todas as informações disponíveis sobre o produto e a embalagem, incluindo características técnicas necessárias ao projeto e à confecção das artes-finais. O designer deve ser informado sobre tudo o que possa ser útil nessa fase.

2. Mercado/categoria/concorrência

   Descrever, de forma detalhada e com todos os dados disponíveis, o mercado do produto, a categoria em que compete e os principais concorrentes.

3. Consumidor

   Informar as características, os hábitos e as atitudes do consumidor e suas principais motivações de compra.

4. Objetivos de marketing

   Descrever, detalhadamente, os objetivos de marketing do projeto de forma que o designer compreenda seu papel e o que se espera dele. É preciso fornecer uma meta que possa ser mensurada.

Briefing de design

1. Produto/embalagem

   Descrever detalhadamente o produto. Como é, como é feito, há quanto tempo é produzido.
   Descrever também as características técnicas de produção, linha de envase etc.
   Descrever a embalagem: materiais, tecnologia, componentes, técnica de impressão, número de cores disponíveis, tiragem etc.
   Descrever os principais atributos do produto.
   Fornecer material de referência: folders, anúncios, material de PDV etc.
   Informar sobre os fornecedores de embalagem, repassando os contatos.
   Fornecer plantas técnicas e pesquisas disponíveis.
   Preparar uma apresentação de briefing para a agência de design com todas as informações, incluindo as embalagens da linha a ser desenhada e dos principais concorrentes

2. Mercado/categoria/concorrência

   Descrever as características do mercado no qual o produto compete: tamanho, perspectivas, pon-

Nessa embalagem, a função aplicadora do produto apresenta características específicas que precisam ser atendidas no projeto de design.

Embalagem tipo 'carteira' para goma de mascar. A portabilidade dessa solução oferece novo requinte a um produto banalizado.

A praticidade da solução combinada com sua classe dá nova dimensão ao produto.

Garrafas e frascos com rótulos sleev que permitem à comunicação gráfica ocupar toda a superfície da embalagem.

Vinhos da África do Sul, cujas caixas exploram imagens características do continente.

Arroz temperado da China, cuja embalagem explora muito bem o 'appetite appeal', apelando fortemente para o apetite do consumidor.

tos-de-venda, principais regiões consumidoras, distribuição etc.

Descrever a categoria em que o produto compete: suas características, critérios, histórico, perspectivas, atributos mais valorizados etc.

Qualificar os principais concorrentes pela ordem de importância: informar os principais pontos fortes e fracos dos concorrentes.

Fornecer material de referência: folders, anúncios, material de PDV etc.

Preparar uma apresentação com dados do mercado, participação dos concorrentes, pesquisas e outras informações úteis.

Fornecer uma relação de pontos-de-venda que o designer deve visitar para o estudo de campo. Solicitar relatório desse estudo.

3. Consumidor

Qualificar e descrever as características do consumidor do produto, seus hábitos e atitudes de consumo, por que compra o produto, atributos que mais valoriza etc.

Informar qual a principal aplicação/utilização do produto.

Disponibilizar pesquisas e outras informações de que a empresa dispõe.

Solicitar ao SAC uma relação de informações sobre os consumidores. O SAC tem sempre informações úteis que devem ser usadas.

Preparar uma pesquisa com alguns tópicos para o SAC consultar os consumidores cadastrados.

Fornecer todas as informações disponíveis sobre os consumidores.

4. Objetivos de marketing

Explicar detalhadamente ao designer por que a embalagem está sendo desenhada, qual a estratégia da empresa para o produto e quais objetivos se pretende alcançar com o novo desenho.

Informar sobre a importância do projeto e os números envolvidos. Definir o mais claramente possível os objetivos, com metas fixadas.

Fornecer um cronograma impresso para a realização do projeto com as etapas e os prazos definidos.

Preparar uma apresentação de marketing, fornecendo todas as informações disponíveis sobre o marketing do produto e o papel atribuído à embalagem no conjunto das ações.

Contratação de agência de design

1. Definição/concorrência
   Definir as características almejadas: mais criativa, mais técnica, mais especializada, grande, pequena, média etc. Estabelecer os critérios que servirão de base para a avaliação da agência no processo de seleção.
2. Seleção dos participantes
   Pesquisa de mercado: publicações especializadas, Internet, indicações etc. Pré-seleção das agências que participarão do processo. Selecionar entre três e cinco agências.
3. Briefing/perguntas
   Elaborar um briefing inicial para a apresentação das propostas incluindo algumas perguntas-chave que deverão ser respondidas.
4. Processo de seleção
   Apresentação da agência e entrega do briefing inicial.
   Recebimento das propostas.
   Avaliação e seleção.
   Divulgação do resultado.
   Feedback aos participantes.
5. Processo

O briefing para apresentação de propostas deve definir claramente o projeto: quantas embalagens, características de cada uma, características técnicas de produção, cronograma, objetivos de marketing etc.

Deve-se também informar a importância do projeto e os números envolvidos, esclarecendo que se trata de uma concorrência, e solicitar termo de confidencialidade.

As perguntas de seleção devem avaliar o grau de conhecimento da agência sobre alguns pontos importantes do projeto e servem de pontuação, atribuindo critérios objetivos ao processo.

Alguns critérios podem ter peso dois ou três, conforme sua importância. Pode-se aplicar a escala de avaliação em cinco níveis para seleção.

Escolher uma boa agência não é tarefa fácil. Encontrar a agência certa é ainda mais difícil.

CAPÍTULO DEZ

PROGRAMA DE INOVAÇÃO DE EMBALAGEM

A inovação é a forma mais eficiente de gerar diferenciação e conquistar vantagem competitiva. Está amplamente provado com números e estatísticas que as empresas inovadoras obtêm grande vantagem sobre suas concorrentes que não inovam ou apenas copiam, reagindo à evolução do mercado. No entanto, ainda é proporcionalmente pequeno o número de empresas que adota a inovação em sua prática empresarial. Por que isso acontece? Por que, mesmo conhecendo as vantagens da inovação, a grande maioria das empresas não se dispõe a investir nesse caminho? Isso acontece porque, para inovar, é preciso seguir algumas premissas básicas que, simplesmente, não estão disponíveis nessas empresas.

A primeira premissa é a liderança da empresa estar consciente da importância da inovação para seu negócio, ser capaz de enxergar seus benefícios e estar disposta a investir nessa atividade. Inovação é 'cultura empresarial', que não acontece sem a decisão e o empenho da liderança. A organização precisa escolher esse caminho e liderar a equipe para que ela acredite que tal decisão é real, pois todas as empresas gostam de dizer que desejam inovar e que reconhecem a importância da inovação, sem que isso resulte em ações concretas.

O segundo requisito necessário é a metodologia de gestão da inovação. Sem ela não se consegue levar adiante um programa consistente e duradouro. Existem várias metodologias disponíveis que podem ser escolhidas e adotadas, mas é necessário ter uma metodologia efetiva que permita a continuidade dos trabalhos, evitando que a inovação aconteça por espasmos.

E, finalmente, o terceiro requisito é a gestão especializada e dedicada. A inovação não acontece, efetivamente, se não houver profissionais responsáveis pela condução do programa.

Assim, decisão e liderança empresarial, metodologia e gestão especializada são os requisitos necessários para fazer a inovação acontecer na empresa.

É muito difícil, caro e demorado inovar no produto; já na embalagem é mais fácil e rápido, podendo envolver não só a empresa como também a indústria de embalagem, que deve sempre ser convocada para apoiar esse tipo de programa.

A combinação do envase asséptico em garrafa de vidro com tampa metálica e rótulo sleev propiciou uma embalagem diferente para uma bebida láctea sofisticada e que dispensa refrigeração.

Garrafa de água mineral com tampa de membrana de silicone. Dispositivos de abertura e fechamento são uma fonte inesgotável para as inovações.

O pote plástico para microondas é uma tecnologia que está aí para quem quiser adotá-la. O primeiro a lançá-la nas diversas categorias se beneficiará dessa oportunidade de inovação.

Metodologia básica de inovação de embalagem

A inovação é estratégica porque exerce impacto no desempenho dos produtos e, conseqüentemente, no resultado do negócio. O mercado atual é supercompetitivo, com milhares de lançamentos a cada ano. O problema é que, desses lançamentos todos, cerca de 80% estarão fora do mercado em dois anos. Isso ocorre por causa dos seguintes fatores: falta de apoio de marketing, falta de inovação e falta de benefícios ao consumidor. Como sabemos que mais de 90% dos produtos encontrados nos supermercados não têm qualquer apoio de marketing ou comunicação, fica fácil perceber que a maioria fracassará se não trouxer alguma novidade e/ou algum benefício ao consumidor.

A inovação que traz algum benefício ao consumidor aumenta em 73% as chances de sucesso do produto. No entanto, para que isso se efetive, ela deve ter foco. Muitas vezes, fomos solicitados a criar algo "inovador, inédito, que ainda ninguém fez". As empresas que nos pediram isso não sabiam exatamente o que é inovação. "Inovação é ação de criar algo novo a partir do que já existe", porque criar algo com base no que não existe não é inovação, é invenção.

Inovação não é coisa da Nasa. É um processo que envolve todas as pessoas da empresa e seus fornecedores, enquanto invenção envolve laboratórios, cientistas, inventores, pesquisadores, gênios, tempo e grandes investimentos. Invenção é coisa da Nasa.

A inovação não é 'criada'. Ela precisa ser encontrada, e, para que isso aconteça, devemos procurar de maneira correta e no lugar certo, criando alguma novidade na categoria em que o produto concorre. Temos de criar algo na categoria, não no universo. Existem muitos casos ilustrativos de embalagens que já existiam no supermercado, mas foram apresentadas como novidades em categorias diferentes das que estavam obtendo grande sucesso.

Deslocar um produto de uma categoria para outra, que não conta com similar, é um recurso de inovação que funciona na maioria das vezes, sobretudo se essa embalagem deslocada trouxer algum benefício aos consumidores.

Programa de inovação de embalagem passo a passo

Como já dissemos, a inovação precisa trazer algum benefício ao consumidor para que tenha força. O ponto de partida para o programa consiste em descobrir qual é o valor que o consumidor percebe e procura no produto. Conhecer esse parâmetro é fundamental, e, para conseguir isso, é necessário realizar uma pesquisa. A empresa deve investir nesse conhecimento como ponto de partida para seu programa de inovação.

Caso a companhia não disponha de recursos para contratar um empresa de pesquisa, pode usar o serviço de atendimento ao consumidor (SAC) para aplicar algumas perguntas que tragam respostas a essa questão. Uma pesquisa conduzida com os consumidores de vinhos espumantes populares revelou que o maior valor desse tipo de produto para seus consumidores é permitir que comemorem com um produto que está dentro de suas possibilidades financeiras. O fato de conseguir comprar um 'champanhe' e comemorar é o grande valor percebido.

Na mesma pesquisa, quando perguntado sobre um produto de qualidade um pouco superior, esse mesmo consumidor respondeu que o valor, para ele, era poder comemorar com um 'champanhe' igualzinho ao da novela.

Isso mostra que, muitas vezes, o valor atribuído pelo consumidor não é objetivo e racional, mas pode enveredar por sentimentos subjetivos e/ou emocionais. Por isso é importante pesquisar para descobrir qual é, na verdade, o valor que o consumidor percebe e deseja encontrar no produto.

Uma vez conhecido o valor que o produto deve transmitir, devemos buscar no mercado que tipo de embalagem incorpora esse benefício, ou então podemos desenvolver uma solução que atenda a esse requisito, contratando agências de design, indústrias de embalagem, universidades e centros de pesquisa dedicados à embalagem.

Resumindo: um programa de inovação deve gerar algo novo na categoria em que o produto concorre de modo a oferecer algum benefício ao consumidor.

O design é um recurso estratégico para gerar inovação, pois um novo *shape*, uma nova solução de rotulagem, novos dispositivos de abertura e fechamento e também grafismos, cores e imagens fora do comum produzem o efeito desejado.

Esse é um modelo básico para a implantação de um programa de inovação, mas, para que isso ocorra, é necessária a designação de um gestor capaz de conduzir as ações articulando os vários parceiros que participarão do processo.

Sem que haja na empresa um gestor dedicado, trabalhando intensivamente no programa, a inovação não acontecerá de forma regular. Esse profissional vai aprofundar o conhecimento sobre inovação e aperfeiçoar a metodologia, fazendo com que a empresa se beneficie de uma atividade que tem impacto no desempenho de seus produtos.

Os requisitos que o profissional deve preencher são o conhecimento do Sistema de Embalagem, seus detalhes, nuances e as metodologias de gestão de projetos, liderança e gestão de equipes multidisciplinares.

A inovação é uma atividade fundamental do Programa de Inteligência de Embalagem® e deve merecer atenção especial.

As feiras do setor são visita obrigatória para quem precisa se manter atualizado sobre os últimos lançamentos do setor, pois os fabricantes aproveitam esses eventos para apresentar seus novos desenvolvimentos.

PROGRAMA DE UTILIZAÇÃO DA EMBALAGEM COMO FERRAMENTA DE MARKETING

Vivemos a era da hiperconectividade, na qual as pessoas têm cada vez mais conexões disponíveis e passam mais tempo conectadas. Os veículos tradicionais de mídia ganharam novos concorrentes, e a propaganda, que antes se restringia a criar e veicular campanhas de anúncios, hoje se depara com um cenário diferente, fragmentado, que conta com novas ferramentas de marketing disputando parcelas cada vez maiores das verbas, outrora dedicadas quase exclusivamente à mídia.

Hoje, as atividades chamadas *no media*, que incluem promoção, merchandising, design, marketing de relacionamento, embalagem e outras, já superam a casa dos 50% na parcela que recebem do total da verba de comunicação. Nesse cenário, a embalagem deve desempenhar um papel mais ativo no marketing dos produtos. Por apresentar muitas vezes tiragens que superam um milhão de unidades, e por sabermos que exerce um grande poder de comunicação com o consumidor, a embalagem pode ser incorporada ao plano de marketing e comunicação da empresa como uma de suas ferramentas.

A utilização da embalagem como suporte a ações de marketing promocional ou de comunicação vem sendo efetivada há muito tempo, com empresas que fizeram dessa utilização a marca registrada de seus produtos. Na maioria delas, isso não acontece de forma sistemática, ficando então sujeitas a ações isoladas e eventuais, sem conexão uma com as outras e sem consistência organizacional. Isso se dá por falta de metodologia e gestão especializada intensiva.

Para manter um programa permanente de utilização da embalagem como ferramenta de marketing, é preciso um profissional dedicado que aplique uma metodologia de gestão que leve a ações lógicas e que estejam sincronizadas com os objetivos da empresa, para que tenham continuidade e consistência.

Por seu enorme potencial e pela utilização inteligente que faz de um recurso interno da empresa, cujo custo já está embutido no do produto, o uso da embalagem para conduzir as ações de marketing como promoção, comunicação e outros constitui um dos pilares do Programa de Inteligência de Embalagem®, conforme apresentamos a seguir.

Programa de utilização da embalagem como ferramenta de marketing passo a passo

1. Fixação dos objetivos do programa

Existem mais de cinqüenta ações catalogadas de utilização da embalagem como suporte para ações promocionais e de comunicação. Esse amplo espectro de possibilidades permite escolher aquelas que estão mais de acordo com os objetivos da empresa e do produto em questão.

O primeiro passo, portanto, é definir o que se pretende alcançar com o programa e fixar um objetivo central que reúna todas as ações.

Um exemplo de definição precisa de objetivo que ajuda a compreender esse tipo de decisão foi a tomada pela Nestlé, ao utilizar o verso de suas embalagens para transmitir informações relacionadas à qualidade nutricional do produto e outras sobre as formas de obter uma melhor utilização.

Como a empresa coloca anualmente no mercado mais de sete bilhões de embalagens, dá para perceber a massa crítica gerada por esse programa. Para conseguir veicular uma quantidade de montagens como essa na mídia convencional, a empresa teria de investir muito e, mesmo assim, não teria como controlar a recepção dessas mensagens, uma vez que muitas delas atingiriam pessoas que não são consumidoras de seus produtos. Ao utilizar o verso de suas embalagens, a Nestlé, além de economizar milhões, tem a certeza de que suas mensagens atingirão 100% dos consumidores da marca.

Panetone produzido por uma indústria gráfica para ser oferecido aos consumidores no final do ano.

Estudos exploratórios: embalagem-conceito criada para simular uma lata de Coca-Cola fabricada em aço.

Embalagens variadas de café solúvel de diversas regiões produtoras.

A Kellogs há décadas utiliza o verso de suas embalagens para oferecer jogos e atividades aos consumidores de seus cereais, e a Elma Chips traz promoções, brindes e prêmios de forma ininterrupta, para se diferenciar de seus concorrentes regionais e marcas de baixo preço, que não conseguem fazer o mesmo.

Existe, portanto, um espaço bastante grande e interessante para empresas de todos os portes e categorias de produtos utilizarem suas embalagens como suporte para ações de todo o tipo, e o primeiro passo para isso é definir o que se pretende com essas ações.

2. Um roteiro para a tomada de decisão

Em primeiro lugar, é preciso conhecer o consumidor com quem vamos interagir e que tipo de relação ele tem com o produto.

Se o produto é um ingrediente para o preparo de alimentos, nosso principal interesse deve ser que esse consumidor obtenha um bom resultado na preparação e uma experiência positiva com o produto, pois, se algo sair errado, ele dificilmente repetirá a experiência. Assim, a inclusão de receitas que ofereçam grande satisfação é fundamental. Além de garantir o sucesso no preparo, elas abrem novos horizontes de experimentação, fazendo com que a experiência do consumidor se amplie ainda mais, mantendo vivo seu interesse pelo produto.

Se o produto é voltado a dietas de redução de peso, o foco deve estar em fornecer informações que ajudem o consumidor na busca por seu objetivo.

Se o produto é líder, o ideal é que ele possa trabalhar a fidelidade do consumidor, premiando-o por isso com ações e promoções que o compensem de alguma forma.

Entender a natureza do produto, a posição que ocupa na categoria e o tipo de relação que o consumidor tem com ele são as diretrizes que nos levam a definir o objetivo do programa.

Se o produto está lá atrás na competição, é claro que temos de buscar mais vendas, e, para aumentá-las, existe uma série de ações que podem ser empreendidas na embalagem; portanto, a definição do objetivo é promover as vendas. Essa definição serviria para qualquer produto, mas não deve ser aplicada automaticamente, conforme descrevemos nos itens anteriores.

Cada caso é um caso e deve ser analisado para que o melhor caminho seja escolhido. Nessa fase, a pesquisa pode ajudar muito, assim como a utilização ativa do SAC para encaminhar perguntas aos consumidores cadastrados.

3. O plano de ação do programa

Uma vez definido o objetivo do programa e considerando a natureza do produto, devemos proceder à avaliação das alternativas de ações conhecidas, cujo roteiro é apresentado a seguir, para escolher as ações que vamos executar.

Nesse planejamento, devem ser levadas em consideração as características do Sistema de Embalagem da empresa e o tipo utilizado, pois, uma vez definida a ação promocional, devemos estabelecer a data de entrada em operação da promoção e montar um cronograma reverso prevendo o fim dos estoques da embalagem anterior e a entrada da nova na linha, sem que se precise jogar fora os estoques anteriores ou que ocorra um buraco na produção. A nova embalagem precisa estar no almoxarifado com antecedência suficiente para substituir a antiga, sem quebra na produção. Da mesma forma, o final da promoção deve ser previsto para que outra embalagem esteja pronta e disponível para substituí-la.

Manter um programa de embalagens promocionais exige dedicação intensiva e metodologia especializada, para fazer o programa fluir sem prejudicar a operação da empresa como um todo. Por isso, um planejamento cuidadoso das etapas deve ser empreendido nessa fase.

Para dar a partida no programa, é necessário que várias ações sucessivas estejam previstas, pois uma ação não pode terminar sem que a seguinte esteja engatilhada para entrar em seu lugar.

O calendário reverso só pode ser planejado em sintonia com as demais áreas da empresa, que precisam participar de sua elaboração. A área comercial, por exemplo, deve dizer com quantos dias de antecedência precisa ter o produto em estoque para abrir vendas de uma embalagem com promoção exclusiva para o Natal. A partir dessa data, a área de produção precisa informar a de suprimentos quando a embalagem tem de ser fornecida para entrar na linha de envase. Por sua vez, a de suprimentos precisa consultar as indústrias fornecedoras para negociar a data de entrega das embalagens no almoxarifado da empresa. A indústria de embalagem, então, informará quando precisa receber a arte-final para conseguir produzir as embalagens e entregá-las no prazo solicitado. O marketing da empresa, de posse dessa informação, passará um briefing à agência de design, estabelecendo a data necessária para a entrega das artes-finais na indústria de embalagem e, para isso, os layouts devem ser apresentados até a data estabelecida e a aprovação final não pode passar do prazo limite, para que eventuais refinamentos e ajustes possam ser feitos antes da entrega das artes para a indústria e assim por diante.

Com esse cronograma reverso em mãos, a empresa concluirá que, para entregar o produto para vendas com a embalagem natalina, todo o processo deverá se iniciar em agosto. Se isso não acontecer, o projeto será inviabilizado e deverá ser abandonado.

É por isso que muitas empresas, cujos produtos poderiam se beneficiar do clima festivo do Natal, não conseguem participar dessa festa. Elas não têm um gestor dedicado nem metodologia que levem a decidir com a antecedência necessária para programar uma embalagem promocional a tempo.

Se a embalagem do produto utiliza rótulos, as operações ficam facilitadas, uma vez que podem ser trocados mais rapidamente e seu custo é bem menor que a embalagem impressa, por representarem apenas uma parte do custo da embalagem total. O número de itens envolvidos também pode dificultar as operações promocionais.

Portanto, um plano de ação detalhado, prevendo todas as etapas da operação, é a chave do sucesso e deve ser elaborado com extremo cuidado, conforme o roteiro passo a passo que apresentamos a seguir.

Por que utilizar a embalagem como ferramenta

A embalagem tem contato direto com o consumidor e pode conduzir ações de marketing e comunicação a um custo muitas vezes inferior a outros tipos de ações, pois ele já está embutido no custo final do produto.

A embalagem, em 100% dos casos, atinge o consumidor do produto. Quanto mais soubermos sobre esse consumidor, mais precisas serão nossas ações.

Existem mais de cinqüenta ações catalogadas que utilizam a embalagem como suporte e uma nova fronteira está se abrindo para ações ainda mais arrojadas e eficientes.

O QUE É NECESSÁRIO PARA SE MONTAR UM PROGRAMA DE UTILIZAÇÃO DA EMBALAGEM COMO FERRAMENTA DE MARKETING?

1. Decisão e liderança empresarial.
   A empresa precisa enxergar os benefícios dessa utilização para seu negócio e estar disposta a agir.
2. Metodologia de utilização intensiva da embalagem como marketing.
   É preciso ter um plano e um roteiro de ação sistemático.
3. Gestores especializados e dedicados.
   É preciso ter um profissional dedicado responsável pelo programa.
4. Investimentos num programa de utilização intensiva.
   A empresa precisa estabelecer uma verba e disponibilizar recursos para o programa.

PREMISSAS BÁSICAS DO PROGRAMA

O objetivo do programa é desenvolver ações de marketing que fortaleçam a presença do produto, promovam mais vendas e ampliem os contatos com o consumidor.

Todas as ações devem considerar esses objetivos e estar integradas ao objetivo central.

Roteiro básico para a montagem do programa de utilização da embalagem como ferramenta de marketing

PLANEJAMENTO

O primeiro passo do programa é conhecer o consumidor.

Detalhe de cartucho de sabão em pó com visor que permite controlar o uso.

Solução interessante de embalagem que pode ser pendurada ou exposta de pé na gôndola.

Bolha de plástico transparente para embalar massa fresca.

Essa embalagem combina um efeito holográfico no painel com uma surpresa. Ela 'assobia' e faz 'fiu-fiu' quando aberta, antecipando o que a consumidora vai ouvir por se tornar mais atraente com a utilização do perfume.

Lata com janela transparente. Uma solução surpreendente e atrativa que se transforma praticamente em um 'brinde' oferecido pela marca a seus consumidores.

90% menos calorias nesse soft drink portátil. Basta dissolver o conteúdo do sachê em uma garrafa de água mineral, chacoalhar e beber.

O ideal é ter uma pesquisa para se saber quem é, suas características, motivação de compra, valores etc. É preciso saber que tipo de ação motiva esse consumidor.

O segundo passo do programa é conhecer os objetivos de marketing da empresa, para integrar o Sistema de Embalagem nesses objetivos.

O importante é ter bem claro o papel da embalagem na estratégia competitiva da empresa. É preciso saber que tipo de ação está em sintonia com os objetivos de marketing.

O terceiro passo é articular os agentes internos e externos que participarão do programa, montando uma rede para viabilizar cada ação, designando etapas e atribuindo responsabilidades. Depois, montar um fluxograma operacional para cada tipo de ação com calendário reverso e demais informações. É preciso dominar o processo completo de realização da ação.

Ações

Ação 1. Obter informação sobre o consumidor

A primeira ação tem por objetivo obter retorno do consumidor, para que se possa montar ou ampliar o banco de dados da empresa e adquirir mais conhecimento sobre quem consome nosso produto.

Trata-se de ações que tragam respostas do consumidor e que permitam identificá-lo, localizá-lo e conhecer aspectos de sua personalidade, como gostos, hábitos etc.

Exemplos de ações dessa fase:

Responda e ganhe! Preencha e concorra! Recorte, junte e remeta! Faça parte da comunidade!

Pode-se pensar também em uma ação integrada com a Web.

Ação 2. Forte ação promocional de vendas

Nessa segunda fase, devemos desenvolver ações com forte apelo de vendas para conquistar mais e novos consumidores, aumentando, assim, a base de consumidores para o programa.

Exemplos:

Compre um e leve dois! Ganhe mais produto! Ganhe um brinde! Descontos!

Outras ações promocionais também podem ser propostas.

Ação 3. Premiar a preferência

Uma vez que já temos uma base e conquistamos mais consumidores com as ações promocionais, ampliando as vendas, chegou a hora de premiar aqueles consumidores que nos deram sua preferência.

São ações que premiam a preferência do consumidor, reforçam sua ligação com a marca e fortalecem a fidelidade ao produto.

Exemplos:

Achou, ganhou! Vale brinde! Concorra! Sorteio! Preencha o cupom e concorra!

Ação 4. Promoções repetitivas

Pode-se montar uma seqüência de ações selecionadas para dar continuidade ao programa repetindo promoções similares, a fim de manter a personalidade e a identificação com o produto.

Exemplos:

Mais informação! Saiba mais! Receitas! Brindes personalizados! Ações do calendário promocional!

Ação 5. Forte ação promocional de vendas combinada com obtenção de informações

Trata-se de uma seqüência de ações selecionadas para dar continuidade ao programa, mantendo sua consistência e reforçando o apelo de venda do produto.

Nessa fase, a idéia é manter o consumidor ligado à marca e interagindo com ela.

Depois da implantação, a empresa deve encontrar o tipo de ação que fixe uma marca registrada como sua e avançar aperfeiçoando cada vez mais o programa.

Exemplos de aplicação de um programa de utilização da embalagem como ferramenta de marketing

Programa Faz Bem Saber da Nestlé

A Nestlé desenvolveu um amplo programa de utilização do verso de suas embalagens para reforçar sua condição de empresa líder mundial em alimentação e sua crescente preocupação com alimentos saudáveis e de qualidade.

Como põe no mercado mais de sete bilhões de embalagens por ano, é possível imaginar o grande impacto desse programa.

Descrição simplificada do programa Faz Bem Saber:

1. O programa está em sintonia com o slogan mundial da empresa – 'Good food, good life'.
2. O programa adota um layout padrão formado por uma linha circular sobre a qual são fixadas informações como: tabela nutricional, SAC, uma informação importante para aprofundar o conhecimento do consumidor sobre as qualidades do produto e uma

Figura 11.1 **Verso da embalagem de Neston.**

dica de utilização para ampliar a experiência do consumidor, ajudando-o a obter melhores resultados (veja a Figura 11.1).

3. A força desse programa está no fato de a empresa ter uma proposta clara do que deseja obter. Essa proposta está sintonizada com seu posicionamento institucional, que é afirmar sua qualificação de líder mundial em alimentos preocupado com a qualidade de vida de seus consumidores.
4. Ao repetir de maneira sistemática e organizada uma mesma mensagem apresentada de forma variada, ajustada a cada tipo de produto e consumidor, a empresa gera uma massa de informação que não poderia ser gerada pelos meios convencionais sem investimentos vultosos em mídia.
5. Ao agir assim, a Nestlé oferece ao mercado um exemplo impressionante de como utilizar, de forma inteligente, esse importante recurso de que dispõe dentro de casa.

Programa de embalagens promocionais da Coca-Cola

Poucas empresas no mundo souberam utilizar tão bem a embalagem como ferramenta de marketing como a Coca-Cola.

Seu programa apresenta uma alucinante profusão de iniciativas promocionais, lançamentos sucessivos, soluções inovadoras, ações de oportunidade, numa atividade de caráter randômico, que está o tempo todo surpreendendo seus consumidores e fazendo novas experiências (veja um exemplo na Figura 11.2)

Favorece esse tipo de ação o fato de a empresa ter foco num único produto e a ele se dedicar de maneira intensiva. Embora tenha outros produtos, o refrigerante é, ao mesmo tempo, sinônimo e ícone da marca, recebendo naturalmente a maior parte das atenções.

A marca registrada do programa da Coca-Cola é a utilização intensiva da embalagem para apoiar ações de marketing, comunicação, integração com a Web e toda sorte de iniciativas que podem imprimir em seu produto uma dinâmica que os concorrentes não conseguem acompanhar.

A coragem em fazer de tudo com uma marca em que muitos teriam medo de mexer, combinada com uma atitude experimental, aberta a novas propostas, e uma capacidade operacional impressionante, que consegue viabilizar um número muito grande de alterações

Figura 11.2 **Embalagens criadas pelo estilista Alexandre Herchcovitch especialmente para serem servidas durante os desfiles da São Paulo Fashion Week.**

na linha, gerenciando estoques gigantescos como se fosse uma empresa pequena, dão ao programa uma posição de vanguarda que merece ser observada com atenção e servir de referência para todos aqueles que atuam na área.

Programa Hering de embalagens sazonais

Manter um programa de embalagens que aproveita os eventos do calendário promocional não é fácil, porque é necessário aplicar um cronograma reverso para cada evento, prevendo as etapas que precisam ser cumpridas a tempo, para não se perderem os prazos que, neste caso, são sempre precisos, sem nenhuma flexibilidade, já que, por exemplo, o Natal cai impreterivelmente no dia 25 de dezembro.

Quando decidiu substituir no mercado sua centenária marca de camisetas, que agora é vendida apenas em suas lojas exclusivas, a Hering escalou a marca Folha para essa ingrata missão. Como não havia verba de marketing para comunicar a mudança e sustentar a introdução da nova marca, a empresa percebeu que dispunha apenas das embalagens para implantar a Folha by Hering (veja a Figura 11.3).

Com base nessa constatação, ficou clara a necessidade de se montar um programa de utilização inten-

Embalagem criada para o Dia dos Pais.

Esse display expositor saía montado da fábrica, já com as embalagens, bastando apenas abrir a caixa de transporte e começar a vender.

Embalagens plásticas com rótulos sleev.

Figura 11.3 **Casal de embalagens criadas para o Dia dos Namorados.**

siva da embalagem como ferramenta de marketing, lançando produtos voltados para os eventos do calendário promocional.

Assim, foi montado um programa específico para esse objetivo, que passou a fornecer embalagens exclusivas para cada ocasião. Volta às aulas, Natal, Dia das Mães, Dia dos Namorados, Dia dos Pais, Dia das Crianças, Réveillon receberam embalagens especialmente criadas para se beneficiar dos investimentos em publicidade feitos pelo comércio nessas datas.

Os resultados superaram todas as expectativas, mostrando que esse tipo de ação promocional é uma boa alternativa para a utilização da embalagem como ferramenta de marketing.

Outros exemplos de programas

Além desses exemplos, podemos destacar outras possibilidades de implantação de programas permanentes.

Uma delas é acompanhar os lançamentos do cinema. As empresas cinematográficas já descobriram que a embalagem é uma forma eficiente de divulgar seus lançamentos numa mídia não congestionada, pois sua mensagem promocional aparece sozinha e sem competição com outras mensagens, permanecendo em posse do consumidor por mais tempo do que uma mensagem veiculada na mídia eletrônica, por exemplo. Até a caixa de pizza delivery já está sendo utilizada por essas empresas, e algumas delas até oferecem seus personagens para divulgação sem cobrar *royalties*, pois reconhecem o valor dessa parceria.

Embalagens de produtos com marca própria que adotaram o design de melhor qualidade.

Embalagem promocional aproveitando o lançamento do filme Homem-Aranha.

Algumas idéias do que vem sendo feito

Acompanhar o esporte e sua infinidade de eventos é uma boa maneira de vincular o produto a práticas saudáveis para manter a forma, ao mesmo tempo em que o associa à paixão do consumidor por essa atividade.

Associação com os ídolos da música, da TV e do cinema também é uma forma de manter ações promocionais que vão além da embalagem regular do produto. É possível, inclusive, associar o produto a personalidades que tenham com ele algum tipo de afinidade ou transferem bom conceito por sua atitude ou atuação.

Parcerias estratégicas e *cross-merchandising* funcionam muito bem, pois somam a força de duas empresas, suas marcas e seus produtos numa relação ganha-ganha, que favorece a ação promocional nas embalagens.

Juntar produtos, oferecer brindes e descontos, formar kits, enfim, é possível pensar o programa de utilização da embalagem como ferramenta de marketing muito além dos muros da própria empresa.

É preciso olhar para fora para encontrar parceiros de outras categorias não-concorrentes com que podemos desenvolver esse tipo de ação.

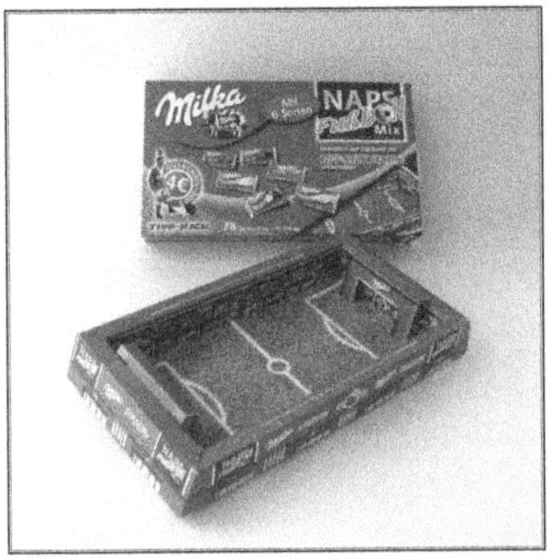

Muitos produtos de categorias diferentes podem se beneficiar da vinculação com o esporte e seu calendário de eventos.

Embalagens diferenciadas como esta chamam a atenção do consumidor, despertam seu interesse e entusiasmo pelo produto e fazem com que seu apelo de venda seja renovado, saindo da apresentação regularmente encontrada no dia-a-dia.

Conclusão: a embalagem é uma poderosa ferramenta de marketing

As empresas que souberem e forem capazes de utilizar essa ferramenta obterão uma grande vantagem competitiva.

Os gestores de embalagem têm um grande papel a cumprir nesse terreno, um espaço de atuação que não se esgota com a colocação das embalagens na rua. Há sempre uma nova ação sendo preparada para ser implementada, mantendo uma dinâmica que faz a empresa entender o poder dessa ferramenta.

São mais de cinqüenta ações catalogadas que podem ser desenvolvidas tendo a embalagem como suporte e muitas outras podem ser criadas.

O custo da embalagem já está embutido no produto, e utilizá-la para conduzir ações que geram mais vendas, reconhecimento para a marca e maior integração com os consumidores é uma forma inteligente de gerir esse importante recurso de competitividade da empresa.

Associação com os ídolos da música, da TV e do cinema também é uma forma de manter ações promocionais que vão além da embalagem regular do produto. É possível, inclusive, associar o produto a personalidades que tenham com ele algum tipo de afinidade ou transferem bom conceito por sua atitude ou atuação.

Como já foi dito, parcerias estratégicas e *cross-merchandising* funcionam muito bem, pois somam a força de duas empresas, suas marcas e seus produtos numa relação ganha-ganha, que favorece a ação promocional nas embalagens.

É importante afirmar, mais uma vez, que é possível pensar o programa de utilização da embalagem como ferramenta de marketing muito além dos muros da própria empresa. Temos de olhar para fora para encontrar parceiros de outras categorias não-concorrentes com que podemos desenvolver esse tipo de ação.

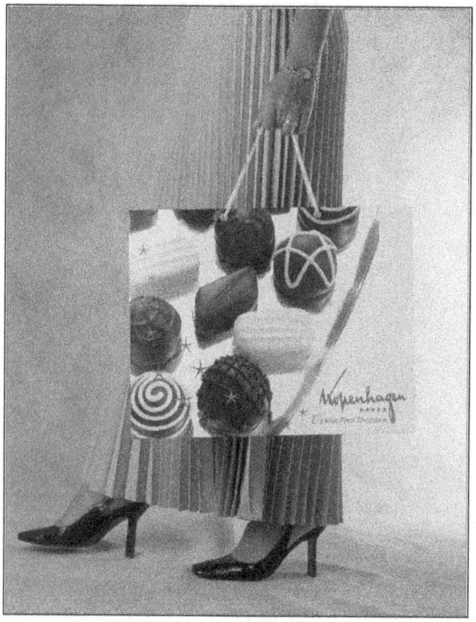

Ao ser criada para explicitamente 'vender' chocolate e atrair o público para as lojas, essa sacola revelou-se uma poderosa ferramenta de marketing, desempenhando magnificamente sua nova função.

Promoção conjunta Coca-Cola e Avon. Quem pensaria nisso?

Série que explora a imagem das três divas pop mais quentes do momento.

O consumidor responde bem às embalagens com ações promocionais, pois se sentem estimulados e participam da dinâmica de consumo. O foco de todas essas ações deve ser sempre o consumidor.

A UTILIZAÇÃO DA EMBALAGEM COMO VEÍCULO DE COMUNICAÇÃO

Até hoje não nos conformamos ao ver empresas de renome veiculando campanhas milionárias na mídia, campanhas maravilhosas que ganham prêmios por sua criatividade e encantam os consumidores com suas mensagens, empresas realizando ou patrocinando eventos importantes, que atraem a atenção de milhões de pessoas, e, quando chegamos no ponto-de-venda, verificamos que as embalagens dos produtos dessas empresas não fazem sequer menção a essas ações espetaculares, continuando a ostentar a velha roupinha do dia, alheias ao glamour de sua própria comunicação.

É uma coisa esquizofrênica. Na mídia, o produto anunciado é famoso, está em evidência com grande destaque, enquanto sua personagem real, a embalagem, segue alheia ao que se passa, como se tudo aquilo que foi investido na comunicação não tivesse nada a ver com ela. Isso porque as empresas ainda não perceberam a importância de integrar suas embalagens à campanha que estão veiculando, multiplicando milhões de vezes sua mensagem a custo zero, dando assim uma perspectiva muito maior de repercussão.

A resposta para isso não é simples, mas uma das principais razões para que ocorra está ligada ao fato de os responsáveis por embalagens, na maioria das empresas, não estarem diretamente relacionados ao marketing e sim às áreas operacionais. Eles não sabem o que se passa nesse departamento que conduz a comunicação e as ações de propaganda.

Ao deixar de integrar suas ações de marketing e comunicação com a embalagem, a empresa, além de perder uma ótima oportunidade de potencializar seus esforços e maximizar seu investimento, transmite aos consumidores um sinal dissonante, pois, enquanto na comunicação está o glamour e o brilho dos holofotes, na embalagem tudo permanece como era antes de a propaganda entrar no ar.

Outra razão é o fato de as empresas desconhecerem o impacto da integração da embalagem à propaganda. Para citar um exemplo visto de perto, há a participação no design das meias Reebok, no início dos anos 90.

Uma cena do comercial de TV integra a campanha veiculada com a embalagem do produto e amplifica o efeito da comunicação.

A embalagem do biscoito foi utilizada para comunicar o lançamento do primeiro macarrão instantâneo integral. Anunciar na embalagem é um recurso utilizado com sucesso por empresas de todos os tamanhos.

Linguagem moderna e sintonizada com o público do produto. A comunicação na embalagem pode assumir vários formatos, possibilitando soluções criativas e originais.

Fomos contratados para redesenhar a embalagem das meias da marca que, naquela época, brilhava na televisão com anúncios maravilhosos e mostrava as grandes estrelas do esporte que patrocinava.

A embalagem anterior era apenas um saquinho plástico transparente sem impressão, fechado por uma solapa de papel azul, com o logo escrito em branco. Após analisar as informações de briefing e concluirmos os estudos de campo, chegamos à conclusão de que havia uma superoportunidade de incorporar a embalagem àquele universo exuberante, construído na comunicação, que fazia da Reebok, naquele momento, uma das marcas de grande expressão no esporte.

Decidimos, então, imprimir na embalagem elementos da comunicação, como fotos dos atletas em ação, cronômetros e outros elementos afins que recolhemos do material de que a empresa dispunha.

Para complementar a mensagem, incluímos a palavra *Performance* escrita na vertical em tinta prateada, num tipo de letra que se desfazia integrando-se à imagem.

Quando a nova embalagem chegou ao mercado, apresentava um visual completamente novo em relação às demais embalagens de meia e a imagem dos atletas fez as vendas dispararem.

O desempenho surpreendente das meias Reebok *Performance*, como ficaram conhecidas, mostrou quanto o produto se beneficia quando a campanha que está sendo veiculada ou a imagem construída na comunicação é aplicada também na embalagem.

Essa mesma ação foi repetida mais tarde no lançamento do Nokia 6120, o primeiro celular no padrão digital do mercado brasileiro, para o qual foi simplesmente transposto para a embalagem o anúncio veiculado para divulgar os novos recursos que o aparelho oferecia.

Pela primeira vez, uma embalagem de telefone celular foi parar nas vitrines das lojas, pois os varejistas queriam mostrar aos consumidores que eles já tinham o produto que estava sendo anunciado.

O resultado foi sensacional, pois a ação ganhou mais força quando integrou campanha e embalagem. Os lojistas, que são profissionais experientes e conhecem como ninguém seu negócio, perceberam rapidamente que informar com destaque que o produto anunciado era aquele ajudaria a aumentar as vendas.

Foi exatamente isso que aconteceu e acontecerá sempre, pois é assim mesmo que funciona o mecanismo de integração embalagem/campanha.

Em função disso, o Programa de Inteligência de Embalagem® propõe que ela seja utilizada como veículo de comunicação, de forma a tornar mais efetiva a comunicação e os recursos investidos em mídia.

Podemos multiplicar por vários milhões a repetição de uma mensagem, se a incluirmos na embalagem. Um slogan como 'Boa idéia', da aguardente 51, ganharia milhões de reproduções se fosse acrescentado ao rótulo, como fez o Neston durante anos com o seu slogan 'Mil maneiras de preparar', colocado logo abaixo do nome do produto.

Quando a empresa veicula uma campanha ou prepara um plano de comunicação, deve incluir a embalagem nessa operação. A embalagem deve estar presente na atividade de planejamento e na reunião de briefing com a agência de propaganda que vai preparar a campanha. O gestor de embalagem deve participar dessas atividades com a função específica de fazer com que ela faça parte de toda a ação.

Além de se integrar nas atividades de marketing, a embalagem pode ser utilizada como um veículo de comunicação conduzindo mensagens, anunciando outros produtos e lançamentos da empresa, e até mesmo conduzindo anúncios, como uma forma de mídia semelhante a outra qualquer, embora saibamos que a embalagem não o é. Ela é uma das formas mais precisas e eficientes de mídia que existem.

Como utilizar a embalagem como veículo de comunicação, um roteiro básico

O principal problema da mídia é a falta de uniformidade do público receptor, o que dificulta a precisão nas ações, pois, com a fragmentação da mídia, fica cada vez mais caro e difícil atingir o consumidor desejado.

Nesse contexto, a embalagem é um dos raríssimos veículos que tem 100% dos receptores conhecidos, pois em todas as vezes ela atinge um consumidor conhecido, o usuário *daquele* produto em que mensagem está sendo veiculada.

Essa precisão cirúrgica faz dela um eficiente veículo para a emissão de mensagens que têm destino certo. Além disso, o custo da embalagem já está incorporado ao produto, sendo, portanto, uma mídia adicional sem custo extra.

Roteiro básico

Conceito

A embalagem é um veículo de mídia que precisa ser sempre incluído no planejamento de marketing e comunicação da empresa!

PROCEDIMENTO

Todas as vezes que a empresa for realizar alguma ação de comunicação de marketing ou propaganda, a embalagem precisa ser incluída no planejamento dessa ação e receber algum elemento que a integre fisicamente à ação.

Para isso, o gestor de embalagem precisa ser chamado a participar do processo.

O QUE PODE SER FEITO

1. **Integrar com a propaganda**
   No caso de se optar pela associação a filmes, alguma imagem do filme deve ser acrescentada na embalagem para vinculá-la ao que está sendo veiculado. Se houver personagens na campanha, devem aparecer na embalagem. O mesmo deve acontecer se for uma animação. Se houver um título interessante no anúncio ou uma frase de efeito, ela deve aparecer na embalagem. Por exemplo, podemos citar o ótimo slogan da goiabinha Bauduco – 'Noventa calorias com gostinho de novecentas'. Como sabemos que o produto tem uma produção diária que supera um milhão de unidades, podemos afirmar que, uma vez inserida na embalagem, essa frase será veiculada mais de um milhão de vezes por dia, sem custar um tostão a mais para empresa.
2. **Incluir o slogan do produto**
   Se o produto tem um slogan, ele deve ser incluído na embalagem.
3. **Fazer propaganda na embalagem**
   É possível fazer propaganda na embalagem, seja veiculando anúncios conceituais do próprio produto, seja anunciando outros produtos da empresa, outros sabores ou lançamentos que podem ser apoiados com anúncios nas embalagens.
4. **Ações combinadas**
   Uma ação que gostamos de mencionar é a veiculação do lançamento da barra de cereais dos sucrilhos Kellogs comunicada na caixa do produto original. Nessa ação, o tigre, personagem símbolo do produto, apresenta a nova barrinha ao mesmo tempo em que ela era incluída na embalagem, numa excelente ação de *sampling*. Mas o mais genial era o fato de a barra de cereal, além de anunciada e oferecida para degustação, também era usada como brinde, pois um *splash* com a palavra 'grátis' capitalizava toda a ação para aumentar as vendas do veículo propriamente dito. Citamos sempre essa ação nas aulas, pois demonstra muito bem quanta coisa se pode fazer numa única ação, utilizando a embalagem como suporte.
5. **Espaço permanente para comunicação**
   Finalmente, sugerimos que se criem anúncios para publicação na embalagem, como se ela fosse um veículo a mais no programa de mídia da empresa e se crie um espaço reservado para veiculação de anúncios como parte de um programa permanente de utilização da embalagem como veículo de comunicação.

A INTEGRAÇÃO DA EMBALAGEM COM A WEB

O site é o endereço do produto e a embalagem, seu cartão de visitas.

Na sociedade da hiperconectividade, cada contato com o consumidor é precioso. Estender esse contato e aprofundá-lo cada vez mais, tornando o consumidor um amigo próximo da marca e do produto, é um sonho que muitas empresas estão conseguindo realizar.

Por meio da Internet, esse sonho se tornou possível, pois as empresas passaram a dominar a linguagem da rede e a criar portais e sites interativos nos quais o consumidor penetra no universo do produto e estende sua experiência com a marca.

No início da rede mundial de computadores, as empresas não sabiam bem o que fazer, mas achavam que deveriam ter um site no ar, um endereço eletrônico... Logo, foram conhecendo as enormes possibilidades de comunicação que se abriam e começaram a explorar melhor essa nova ferramenta de marketing e comunicação.

Hoje, já encontramos hotsites dedicados a apenas um produto e não mais aqueles catálogos (listas) de produtos que apareciam nos sites institucionais. Cada produto tem de ter sua morada na Web, seu endereço, onde o consumidor que o visita pode aprofundar sua experiência, seu relacionamento, e até integrar comunidades virtuais com outros consumidores. Podem participar de concursos on-line e desenvolver atividades pertinentes ao universo do produto.

Esses endereços são explorados como estações de contato permanente, 24 horas por dia, ampliando enormemente a possibilidade de relacionamento marca/produto/consumidor.

Os benefícios dessa atividade são tão amplos que mereceriam um artigo exclusivo só para descrevê-los. Apenas para citar alguns, podemos mencionar a formação de banco de dados com consumidores interessados, fornecendo, além de seu endereço, informações sobre seus gostos, atividades e, principalmente, seu interesse efetivo no produto. Com base nesses dados, a difusão de informações no site permite melhorar a experiência com o produto e a obtenção de melhores

A Coca-Cola criou em 1984 um supersite de música e utilizou a embalagem para atrair o consumidor até ele, pois a senha para download vinha impressa no verso do próprio rótulo.

Hoje a empresa tem um programa de recompensas ao consumidor que funciona em um site exclusivo para esse fim.

Ao seguir as instruções, o consumidor descobre no verso da embalagem um código que permite que ele assista na Web ao novo comercial do produto.

resultados, indo até a transformação dos internautas em agentes da marca e assim por diante.

Ter um canal de comunicação direto, exclusivo, editado conforme os objetivos de marketing da empresa é um recurso extraordinário que, bem utilizado, pode fazer maravilhas. Mas nem tudo são flores. O grande problema do site é que a rede tem vários milhões de domínios (endereços) e o site de um produto, um achocolatado ou um refrigerante, por exemplo, tem de competir com os sites de entretenimento e informação mais badalados do mundo, pois o internauta tem múltiplos interesses e, quando entra na rede, é sempre tentado a buscar seus assuntos favoritos. Além disso, levar o consumidor até o site do produto não é tarefa fácil, pois, como se sabe, está cada vez mais difícil encontrá-lo, pois ele pode estar em milhares de pontos diferentes, zapeando por um dos mais de cem canais de TV, ouvindo o rádio do carro, falando ao celular ou navegando no universo on-line. Pode ainda estar lendo um livro, um jornal, uma revista ou ter ido alugar um filme...

Levar o consumidor até o site do produto é realmente uma tarefa das mais difíceis e exige ação especializada e recursos criativos para efetivá-la. Pode-se desenvolver uma campanha de mídia, uma ação promocional, mala direta e outras ferramentas de comunicação adotadas pelas agências de comunicação. Mas, além de custar caro, essas ações atingiriam muitos receptores que não são consumidores do produto e, portanto, raramente se sentiriam tentados a visitá-lo.

Não basta apenas comunicar a existência do site, é preciso atingir precisamente os consumidores do produto e oferecer motivos fortes para que ele se dirija até o endereço, despendendo seu precioso e disputado tempo para conhecer um pouco mais sobre o produto que utiliza.

É nesse contexto que surge a embalagem para desempenhar seu mais recente papel, ou seja, funcionar como um poderoso elo entre o consumidor e o site do produto, conduzindo-o até seu endereço eletrônico de forma eficiente e pelo menor custo possível, uma vez que seu custo já está embutido no produto.

Em primeiro lugar, é preciso que se compreenda que a embalagem é um dos raros veículos de comunicação capaz de conduzir uma mensagem para 100% de receptores conhecidos, pois ela chega às mãos, fazendo contato direto com os consumidores do produto. Sabemos *a priori* que os receptores dessa mensagem, em 100% dos casos, são consumidores daquele produto específico.

A mensagem será enviada, muitas vezes, em tiragens de milhões de exemplares a custo zero. A qualidade da mensagem e da argumentação que propõe ao consumidor pode alcançar maior ou menor grau de eficiência, mas uma coisa é certa: ela chegará, com certeza, às mãos do consumidor.

Exemplos desse tipo de ação vêm surgindo a cada dia e estão se tornando cada vez mais ousados, como é o caso da recente ação desenvolvida pela Nestlé do Brasil para seu produto Crunch, no qual um CD-ROM incluído na embalagem chamava muito a atenção na gôndola do supermercado. A ação promocional de grande envergadura chamava para algo bastante interessante para o público do produto, ou seja, *games* on-line. Na caixa de cereal matinal, além do CD, vinha uma senha que dava ingresso ao portal de jogos onde o consumidor poderia assumir seu personagem e participar. O mais inusitado, nesse caso, era o conteúdo do CD, que trazia uma 'capa mágica' que, vestida pelo personagem, atribuía a ele 'poderes especiais' e mais energia, exatamente o tipo de atributo oferecido pelo produto em si, que é enriquecido com vitaminas e minerais. A novidade é que o competidor que possuísse a capa mágica teria vantagem sobre seus concorrentes e só seria possível conseguir essa capa comprando o produto. Para efetivar a ação, a Nestlé fez um parceria com uma empresa especializada, proprietária do portal de *games*. Uma iniciativa arrojada e interessante, exemplo de integração da embalagem com a Web, pois toda ação só acontecia se o consumidor acessasse o portal e os grandes atrativos eram o código de acesso e o brinde contido no CD.

Outra ação semelhante está ocorrendo nos Estados Unidos, onde o cereal matinal Lucky Charms traz uma brincadeira de palavras cruzadas no verso, do qual se obtém um código que desbloqueia, no site do produto, a ferramenta que permite ao consumidor criar o próximo Magical Movie do produto.

A Coca-Cola vem explorando de forma bastante eficiente essa nova ferramenta. Ela criou, na Inglaterra, há alguns anos, o site mycokemusic.com, disponibilizando 250 mil músicas de 7.500 artistas diferentes. A promoção veiculada nas embalagens indicava a existência de um código para download no interior do rótulo, com o qual o consumidor se dirigia ao site e baixava as músicas que havia ganho. O interessante é que o prêmio oferecido era entregue on-line, instantaneamente, sem complicações, e o veículo que servia de base para a ação era a embalagem. Atualmente, está no mercado nos Estados Unidos uma nova promoção dessa marca. O site mycokerewards.com dá ao consumidor uma série de brindes, descontos etc. As empresas de aviação criaram os programas de milhagem; agora, a idéia foi parar em outra categoria de produto e, mais uma vez, a embalagem está sendo utilizada para fazer a ponte entre o consumidor e o site, pois são milhões e milhões de latas e garrafas colocadas no mercado todos os dias. No Brasil, a Coca-Cola utilizou suas embalagens para lançar seu site e criou outro especial para a Coca-Cola Light, chamado nightcocacola.com, onde o consumidor encontrava 'tudo para curtir a *night'*, incluindo Webcams nas casas noturnas, para que pudesse dar uma olhada no ambiente de cada uma delas e escolher aquela que estivesse "bombando".

Os exemplos estão aí para serem aproveitados, mas, da mesma forma que encontramos casos de boas utilizações, nossos alunos descobriram sites excelentes, criados por empresas aqui no Brasil, que não são comunicados com destaque em suas embalagens. Essas empresas ainda não descobriram as vantagens da integração da embalagem no esforço de marketing e comunicação para levar o consumidor até o site que construíram e estão desperdiçando milhões de oportunidades de estender o contato dos consumidores com seus produtos. Faltam-lhes profissionais antenados, pois uma vez que já existe o site, comunicá-lo com destaque na embalagem não é nada complicado.

Além de comunicar e desenvolver ações promocionais, as empresas podem utilizar, de maneira mais sofisticada, a integração da embalagem com a Web. O caso mais impressionante disso é do refrigerante canadense Jones Soda, que fez da integração a base de toda a estratégia da empresa, associando interatividade e integração total com os consumidores.

Desde o início de suas atividades, a Jones Soda buscou essa integração, fazendo de seus rótulos um espaço de expressão de seus consumidores. A empresa criou um concurso permanente no qual os próprios consumidores faziam os rótulos dos produtos. Transformados em coqueluche, os rótulos passaram a ser colecionados, trocados, vendidos, faziam-se feiras de rua para isso, sites foram criados pelos entusiastas para propagar suas paixões e, percebendo isso, a empresa foi fundo na integração de suas embalagens com a Web, construindo um dos mais surpreendentes casos de marketing.

O portal www.jonessoda.com.br é visitado por milhões de consumidores de todo o mundo, mesmo por aqueles que nunca viram de perto um de seus refrigerantes, pois a marca é distribuída apenas no Canadá e em parte dos Estados Unidos. Jones Soda virou um fenômeno de comunicação. Por meio de seu site, a empresa foi conhecendo melhor seus consumidores, descobrindo seus gostos e interesses e criando espaço para eles se expressarem e participarem cada vez mais de suas ações on-line. Sempre tendo os rótulos como ponto central, criou concursos, uma galeria com todos os rótulos já publicados, uma 'gravadora virtual' que mostra as músicas criadas pelos consumidores — eles podem enviar frases que são publicadas nas páginas do site e criar os comerciais da marca por meio de um link no YouTube.

Milhares de rótulos são inscritos todos os meses e os internautas votam para escolher os que serão produzidos. Muita gente sonha assinar 'seu próprio rótulo' de Jones Soda. Mas existem aqueles que não agüentam esperar. Para eles foi criado um novo produto, por US$ 34,95, mais o frete, e recebem em sua casa uma caixa com doze garrafas customizadas com a imagem que enviaram.

Quando lançou sua linha de chás orgânicos, a empresa criou um concurso para que designers de qualquer parte do mundo criassem o rótulo e assinassem o design, aparecendo inclusive numa página do site, onde seu perfil profissional é apresentado.

A interatividade é uma filosofia da empresa que está presente em tudo que ela faz. Uma seção no site é dedicada a 'comunidades' e há várias delas funcionando. O exemplo da Jones Soda demonstra de maneira muito clara o potencial da integração embalagem/Web, pois toda a estratégia da empresa está sustentada sobre isso, desde o início, e o sucesso alcançado se tornou um fenômeno que não deixa dúvida sobre sua eficácia. Trata-se, portanto, de algo novo que precisa ser explorado de forma sistemática e consistente.

O Núcleo de Estudos da Embalagem da ESPM inseriu esse tema entre seus objetivos de estudo, por entender que a integração da embalagem com a Web representa um novo território a ser explorado, cujas possibilidades começam a ser descobertas e, pelo que estão demonstrando, é um terreno fértil que certamente dará bons frutos.

Um case espetacular de utilização da embalagem faz o consumidor entrar em um portal de games utilizando uma capa mágica que só o produto oferece.

Roteiro básico para integrar a embalagem com o site do produto

1. O produto tem de ter seu próprio site. Não deve estar dentro do site institucional da empresa.
2. O site tem de conter assuntos do interesse do consumidor que valham a pena ser visitados.
3. Promoções exclusivas para atrair o consumidor devem ser criadas. Para concorrer, ele tem de se cadastrar no site; e, para saber os resultados, entrar no site e assim por diante.
4. Votações, enquetes e tudo que faça o consumidor voltar ao site é bem-vindo. Ele sempre tem de ser solicitado a se manifestar, emitir opiniões, votar e fornecer cada vez mais informação sobre si mesmo e suas preferências e interesses.
5. Na embalagem, o site deve ser destacado num *splash* ou boxe no painel frontal da embalagem e não apenas no verso.
6. A embalagem deve sempre ser usada como elo com o site. O site é o endereço do produto e a embalagem, seu cartão de visitas.

O papel Report traz em sua embalagem uma senha de acesso ao 'melhor curso pré-vestibular da Internet'. Um acordo que ajuda os consumidores a entrarem na faculdade.

Esse produto para dieta oferece em seu site um programa de redução de peso customizado para o consumidor que fornecer seus dados pessoais.

Vale a pena explorar o site www.jonessoda.com. É um dos melhores exemplos de integração embalagem/Web.

PARTE IV

O PROGRAMA DE INTELIGÊNCIA DE EMBALAGEM® NA PRÁTICA

CASOS ILUSTRATIVOS DOS CONCEITOS APRESENTADOS

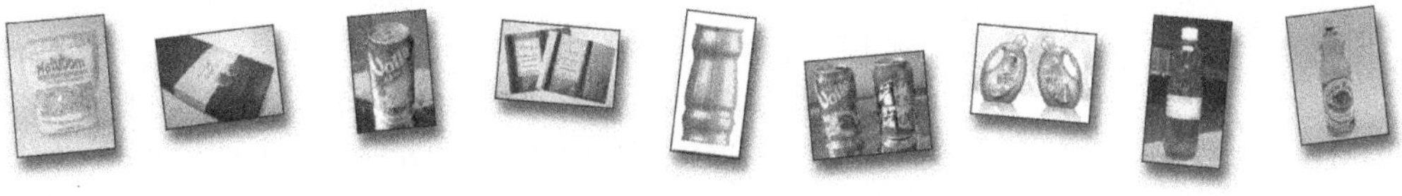

Acompanhe, a seguir, alguns casos em que tive a oportunidade de participar aplicando os conceitos apresentados.

Caso 1: Embalagens de aço CSN

A lata de aço surgiu em 1810, quando o rei da Inglaterra concedeu a patente desse tipo de embalagem a Peter Durand. Desde então, a conservação de alimentos nessa embalagem foi difundida pelo mundo todo com a expansão do império britânico.

A indústria dos enlatados, como ficaram conhecidos esses produtos, ganhou expressão, consolidando-se como uma forma eficiente de conservação de alimentos, em vigor até nossos dias.

A Companhia Siderúrgica Nacional (CSN) é o único fabricante nacional da folha-de-flandres, matéria-prima utilizada para a fabricação das latas de aço, e por isso tem interesse no desenvolvimento do mercado dessa embalagem. Ela decidiu investir no design, para gerar soluções que pudessem deter o avanço das embalagens PET na categoria de óleos comestíveis, até então embalados apenas em latas de aço.

Assim, iniciou-se, em 1998, o programa desenvolvido para as embalagens de aço que vamos apresentar.

O programa partiu do diagnóstico que demonstrou que as embalagens de aço haviam parado no tempo e precisavam evoluir, com novas soluções.

O objetivo central fixado para o programa indicava que era necessário reposicionar a embalagem de aço, mostrando ao mercado que ela estava se renovando e ainda era uma alternativa competitiva, que poderia ser utilizada amplamente, inclusive em lançamentos de produtos. Em função desse objetivo, foi traçada a seguinte estratégia de ação:

Mock-up da lata do Leite Moça fabricado no início do projeto para visualização da forma.

A lata expandida utiliza exatamente a mesma quantidade de aço, mas muda completamente a percepção do produto.

1. Defender as posições já ocupadas pela lata de aço com novas soluções e embalagens revitalizadas.
2. Avançar para novas posições nas quais as embalagens de aço ainda não estão presentes, como forma de chamar a atenção do mercado e dos consumidores.
3. Criar propostas que tenham impacto na opinião pública e nos formadores de opinião, surpreendendo-os com demonstrações da vitalidade das embalagens de aço.

Dezenas de projetos foram desenvolvidos dentro dessas premissas e nas indústrias.

O programa de design representou um grande avanço para essas embalagens, pois um dos problemas da época era a utilização de embalagens *standard* cilíndricas, em que um mesmo formato servia para produtos tão distintos como creme de leite e extrato de tomate, não permitindo que tais produtos se diferenciassem.

Sabemos que a forma é o principal diferencial de personalidade que um produto pode ter, portanto, essa possibilidade ficava inviabilizada por essa situação.

Foi aí que surgiu a solução: com a introdução da tecnologia de expansão mecânica do aço, trazida da Europa pela CSN, tornou-se possível criar formas diferenciadas e exclusivas para cada produto, cada um com o próprio *shape*. O projeto que consagrou a solução foi o design da nova lata de Leite Moça, que incorporou a expansão obtendo grande sucesso.

A seqüência desse projeto é um exemplo de aplicação dos conceitos de inteligência pela indústria de embalagem e ilustra muito bem seu impacto no negócio das empresas.

Projeto da nova embalagem do Leite Moça

Após a decisão de investir na introdução da lata de aço expandido no Brasil, foi feito um ensaio inicial e a solução lançada na linha de conservas da Oderich, tradicional fabricante do Rio Grande do Sul, com a embalagem expandida sendo fabricada pela Bertol, empresa do mesmo estado. Depois de aprovada a so-

Figura 14.1 **Nova lata do Leite Moça.**

A Nestlé patenteou o desenho dessa embalagem, assim o produto passou a ter um design exclusivo.

lução técnica, partiu-se para o desafio de aplicá-la num projeto de grande envergadura com o maior cliente da CSN.

A Nestlé fabrica as próprias embalagens de aço e é o maior fabricante dessa embalagem no país, por isso foi escolhida como target para o lançamento. O produto selecionado foi o Leite Moça por uma série de razões de caráter técnico e mercadológico.

Foi criado, então, o design, que teve como conceito a inclusão da *cintura* da Moça na embalagem. Um *mock-up* de aço foi produzido e decorado para apresentação ao marketing da Nestlé.

O grande benefício foi a possibilidade de o Leite Moça passar a dispor de uma embalagem com forma exclusiva, como tem, por exemplo, a famosa garrafa da Coca-Cola. É evidente que essa proposta teve boa acolhida e o desenvolvimento do projeto foi aprovado.

As providências técnicas levaram mais de dois anos sob total sigilo, pois muitos testes foram realizados pelo centro técnico da CSN, em Volta Redonda, que se encarregou de todo o desenvolvimento e acompanhou a implantação da nova tecnologia com a equipe técnica da Nestlé.

Como autor do desenho, assinei a cessão dos direitos de patente sobre a forma que a Nestlé registrou, e ela passou a ser proprietária exclusiva de seu produto. Meu cliente, nesse caso, era a CSN, para quem desenvolvi o programa de design, evoluindo depois para o Programa de Inteligência de Embalagem®, no qual trabalhei até o final de 2006, quando passei a atuar na ESPM, coordenando o Núcleo de Estudos da Embalagem.

Os resultados obtidos pela nova embalagem surpreenderam a todos, pois não havia expectativa naquele momento sobre um grande aumento de vendas, até porque o produto já era líder absoluto da categoria, com uma participação tão expressiva que não havia muito mais o que conquistar. Outro fator que limitava as expectativas era o fato de o Leite Moça estar há mais de 110 anos no mercado e não constituir nenhuma novidade.

A surpresa se deu quando as vendas dispararam, levando ao limite a capacidade de produção da indústria, que não conseguia entregar todas as encomendas daquele período.

A nova embalagem (veja a Figura 14.1) conquistou, naquele ano, o título de inovação do ano do Centro Nestlé de Embalagem, na Suíça, título a que concorrem os lançamentos e inovações apresentadas pelas subsidiárias da empresa de todo o mundo. Os pedidos de outros países para a nova lata levaram a empresa a expandir sua capacidade de produção.

Podemos afirmar que foi um sucesso acima das melhores expectativas de todos os participantes.

Outras soluções de embalagens bem-sucedidas

Além desse projeto, que foi sem dúvida o de maior impacto, outros bem-sucedidos foram realizados no programa CSN.

Num outro caso, o objetivo era lançar uma lata de aço numa categoria em que esse tipo de embalagem não estivesse presente, para chamar a atenção dos consumidores, mostrando que a lata ainda podia surpreender e estava se expandindo dentro do supermercado, ocupando novas gôndolas.

O resultado, mais uma vez, surpreendeu a todos, pois, embora seu objetivo não fosse bater recordes de venda, a solução foi tão bem avaliada que um comerciante solicitou ao fabricante da embalagem uma versão com design gráfico indicando seu uso com o título 'porta-sabão em pó', para ser vendida nas lojas de produtos de R$ 1,99. A solução, combinando a lata de aço a uma nova tampa de plástico com fechamento hermético, que protege o produto da umidade, conquistou mais de uma dezena de prêmios, inclusive os quatro prêmios mais importantes oferecidos a embalagens metálicas no mundo. Conquistou também o World Star Award, da WPO, principal prêmio da embalagem mundial.

Finalmente, foi lançado o projeto que deu origem ao projeto de design CSN. A nova lata de óleo da marca Pão de Açúcar (veja a Figura 14.2) incorporou uma série de melhorias combi-

Figura 14.2 **A nova lata de óleo.**

nadas, colocando a embalagem de aço para esse tipo de produto num novo patamar. Reunidas numa parceria estratégica, seis empresas trabalharam juntas para viabilizar a solução e lançar a nova geração da embalagem de óleo no mercado. Uma embalagem com design ergonômico, tampa e fundo com diâmetros diferentes para se encaixarem, permitindo um empilhamento perfeito, o que também é favorecido pela tampa com bico retrátil, que só é armado quando rompido o lacre de segurança.

A lata de sabão em pó.

A nova embalagem tem uma linda impressão em esmalte e contém 500 ml, ideal para as famílias menores e o público *single*, acompanhando as tendências alimentares que reduziram as frituras.

O resultado não poderia ser mais animado. Previsto para dois meses e meio, o estoque se esgotou na primeira semana, tendo o óleo de canola assumido a liderança de vendas na rede Pão de Açúcar.

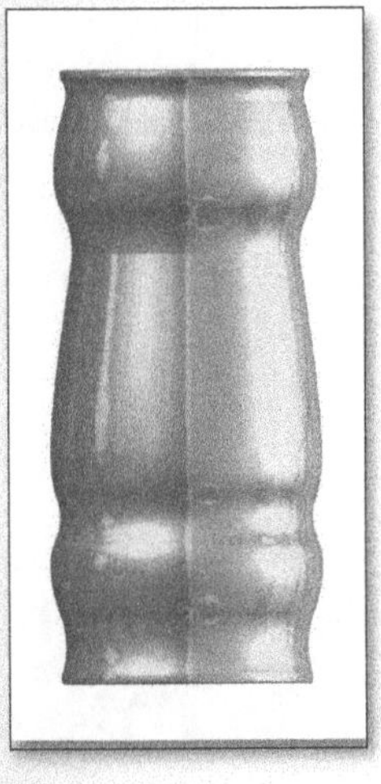

Shape original desenhado para a nova geração de latas de óleo comestível para cozinha.

O programa de design, que depois evoluiu para Programa de Inteligência de Embalagem®, demonstrou com muita clareza como uma indústria de embalagem pode desenvolver um programa voltado para a geração de soluções baseadas na integração da cadeia produtiva e nas parcerias estratégicas, assim contribuindo para os negócios das empresas que utilizam essas embalagens.

A partir desse projeto, o Programa de Inteligência foi desenvolvido em algumas das mais importantes indústrias de embalagem do país.

Caso 2: Programa de embalagem Del Valle

Esse é um caso muito especial para mim, pois dele participei desde o início, em 1998, dirigindo o design da primeira geração de embalagens da Del Valle no Brasil, que resultou no surgimento da categoria de sucos prontos para beber, uma vez que, até aquele momento, havia apenas uma versão de suco de laranja refrigerado comercializada. As embalagens da Del Valle inauguraram essa categoria para valer, abrindo um novo espaço nas gôndolas para o suco de frutas. Foi

As embalagens internacionais foram produzidas para atender a mercados tão diferentes quanto Líbia e Japão. A empresa conseguiu a proeza de exportar suco embalado para mais de trinta países – um exemplo para os outros fabricantes.

A Del Valle criou uma série de embalagens voltada para o público jovem, combinando a lata com uma ação promocional.

um trabalho pioneiro, que alcançou grande repercussão, nos trouxe uma experiência muito rica em aprendizado e foi bastante desafiadora.

Projeto de embalagens Del Valle

O ponto de partida do projeto foi a necessidade de se estabelecer uma categoria nova no mercado, para a qual não havia referências estabelecidas e tudo precisava ser construído da estaca zero.

Existiam as embalagens da empresa no México, cujo padrão visual privilegiava a identidade de cada produto, empregando uma cor para cada sabor. Mas isso não era adequado para o nosso mercado e não atendia ao objetivo de criar uma proposta de impacto, para afirmar a marca e chamar a atenção dos consumidores, pois não haveria verba de marketing para comunicar o lançamento.

Nosso grande desafio foi lançar e consolidar no mercado uma nova geração de produto utilizando apenas a embalagem como recurso. O trabalho inicial foi o desenvolvimento do programa de design que consistiu num conjunto de ações e decisões estratégicas. A primeira foi a integração com a indústria de embalagem, no caso a TetraPak, para garantir que o desenho e as ilustrações estivessem de acordo com a tecnologia de impressão da empresa, de forma a obter os melhores resultados. O mesmo ocorreu com a Crown Cork, para

Figura 14.3 **Embalagens de suco Del Valle.**
Estas são as embalagens originalmente desenhadas no Brasil e que se tornaram o padrão mundial da marca.

Figura 14.4 **Del Valle para crianças.**

Os personagens infantis aumentaram em mais de 30% as vendas do suco para crianças.

garantir a qualidade de impressão das latas de alumínio. O design representou uma decisão estratégica que revelou, ao longo do tempo, ser o ponto que definiu o sucesso do projeto, ou seja, a definição do fundo vermelho unificado para todas as embalagens, para fazer o conjunto trabalhar para a marca, consolidando um único sinal visual.

Essa decisão foi crucial para o que aconteceu depois, mas naquele momento soou como algo chocante! Na indústria, deu trabalho unificar a cor do vermelho, uma vez que numa delas a impressão se dava sobre papel-cartão e na outra, sobre o alumínio. O fabricante de tinta teve de desenvolver um vermelho especial, o *vermelho Del Valle* (veja a Figura 14.3). A integração com a indústria foi fundamental neste processo.

Uma vez lançado o produto e alcançado o sucesso retumbante que a marca obteve no Brasil, o design aqui produzido foi adotado pelo México, passando a ser a identidade global da empresa. A Del Valle soube utilizar, como poucas empresas, suas embalagens de forma estratégica, sendo os versos usados, desde o início, para divulgar os outros produtos da empresa, incluindo todos os lançamentos a partir daí. Personagens infantis (veja a Figura 14.4) e, mais recentemente, os personagens dos filmes da Fox estrelaram as embalagens dos produtos para crianças, e os jovens já receberam uma ação exclusivamente criada para inserir em seu estilo de vida.

O programa de Gestão de Embalagem da Del Valle assumiu desde o início uma abordagem estratégica, uma vez que a empresa só dispunha desse recurso para existir no mercado, e ela soube utilizá-lo de forma muito eficiente, conseguindo um resultado inconteste. O exemplo da Del Valle ilustra muito bem o conceito de utilização da embalagem como ferramenta de marketing.

Do ponto de vista de marketing, foi a embalagem, e só ela, o fator decisivo para o sucesso da marca Del Valle no Brasil, porque a empresa só veio a investir em comunicação e propaganda quando já estava consolidada como um grande sucesso no mercado.

Caso 3: Embalagem para a pequena empresa

Todos os conceitos apresentados neste livro se aplicam também às empresas menores e podem ser adotados por elas.

A pequena empresa é aquela em que as boas soluções de embalagem têm o maior impacto, pois, ao contrário das grandes, ela não dispõe de outro recurso para competir, dependendo exclusivamente da embalagem para comunicar sua existência no mercado e para conquistar a preferência dos consumidores.

Por não dispor de recursos financeiros e porque, na maioria das vezes, seus dirigentes desconhecem a importância da embalagem para seus negócios e os detalhes técnicos e procedimentos necessários para se obter boas embalagens, essas empresas acabam tendo embalagens muito inferiores aos produtos das marcas regulares encontradas no mercado.

Não deixa de ser uma ironia o fato de as empresas, nas quais a boa embalagem é mais necessária e produz o maior impacto, serem justamente aquelas que não têm acesso a esse recurso que, bem empregado, pode levá-las a um outro patamar de competitividade.

Isso acontece porque seus dirigentes ainda não sabem *que por meio da embalagem sua empresa pode ser grande aos olhos dos consumidores*, uma vez que a embalagem da empresa pequena não precisa, necessariamente, ser pequena.

Quando coordenei o Comitê de Design da Associação Brasileira de Embalagem (Abre) e, depois, quando assumi a presidência da entidade, sempre esteve entre minhas preocupações levar o design de embalagem para a pequena empresa, porque eu tinha certeza de que o impacto causado seria grande, os resultados, expressivos, e isso abriria novas possibilidades para esse tema. Trabalhando para isso, a Abre firmou um convênio com o Sebrae para a prestação de serviços de design de embalagem para as pequenas empresas.

Nesse convênio, as agências do Comitê praticam uma tabela de preços reduzidos e o Sebrae subsidia os projetos com 70% do valor a fundos não reembolsáveis. Assim, cabe às pequenas empresas arcar com apenas 30% do valor de um projeto cujo custo já está numa tabela de preços reduzidos.

Como era esperado, os resultados foram espetaculares, havendo casos em que o aumento nas vendas promovido pelo novo design alcançou a cifra de 500%, provando que o bom design de embalagem exerce impacto no desempenho do produto no mercado.

Até este momento, mais de cem projetos já foram realizados e o projeto, por seus excelentes resultados, além de ser renovado, teve seu orçamento duplicado em valor. Sabemos, portanto, e de forma comprovada, que o bom design de embalagem ajuda a pequena empresa a obter sucesso no mercado com seus produtos, sendo uma ferramenta eficiente que deve sempre ser utilizada.

O caminho, nesse caso, é utilizar o roteiro aqui apresentado, procedendo ao diagnóstico do design das embalagens que concorrem na categoria na qual o produto compete, identificando suas principais características e atributos positivos, fazendo o confronto com a embalagem e listando os aspectos que precisam ser melhorados. Devemos prestar muita atenção às oportunidades, pois a pequena empresa, por ter tiragens menores e um sistema mais simplificado, pode adotar soluções que as grandes, por sua escala de produção, não podem utilizar.

Alguns casos de antes e depois apresentados na coluna ao lado dão uma idéia clara do que está acontecendo, mas aqui vale lembrar que os conceitos da Gestão Estratégica e da Inteligência de Embalagem® se aplicam perfeitamente a empresas de qualquer tamanho, localizadas em qualquer região do país. Tenho feito palestras para empresários por todo o Brasil ressaltando a importância da embalagem para seus negócios e fico impressionado quando os vejo arregalando os olhos para as oportunidades de obter mais desse recurso que, para eles, é sempre um dos custos mais importantes da empresa.

Projeto de embalagem Mister Poteitos

As batatas fritas do tipo palha são muito consumidas em Santa Catarina. O produto Mister Poteitos enfrentava grande concorrência local disputando arduamente com produtos similares, embora de qualidade ligeiramente inferior, mas que aviltavam os preços puxando a categoria para baixo em termos de valor. A empresa buscou no convênio Abre/Sebrae uma forma de se diferenciar e evidenciar a qualidade superior de seu produto. Na visão da empresa, um novo design de embalagem contribuiria para isso, tornando o produto mais competitivo. Era esse o objetivo do projeto.

O novo desenho apresentado atendeu às expectativas e tratou a embalagem da empresa como se ela pertencesse a uma empresa grande (veja a Figura 14.5). A estratégia adotada foi justamente empregar em seu design todos os procedimentos e recursos regularmente utilizados no atendimento dos projetos das maiores empresas do mercado, ou seja: procedeu aos estudos destinados ao planejamento do design, traçou a estratégia que foi exatamente a que acabamos de mencionar e cuidou dos seguintes aspectos que constituíram a nova embalagem:

1. Desenho de um novo logotipo com módulo de sustentação mais forte e moderno.

Embalagem anterior do chocolate caseiro, originalmente em papel.

A nova embalagem em papel-cartão mudou a percepção do produto e o status da empresa, com reflexo no forte aumento de vendas.

Saquinho plástico utilizado anteriormente pela empresa.

A nova embalagem manteve exatamente a mesma estrutura, mas o novo design tornou o produto muito mais valorizado e atraente.

Cooperativas de produtores têm sido atendidas pelo programa com excelentes resultados.

Esse é um exemplo bem simples de melhorias proporcionadas pelo design.

Figura 14.5 **Nova embalagem da Mister Poteitos.**

Esse fabricante de Santa Catarina precisou ampliar sua fábrica para atender à demanda de vendas. Essa é a nova embalagem que provocou tudo isso.

2. Produção de foto com prato preparado em receitas de uso freqüente.
3. Inclusão de frase promocional e *splash* destacando o fato de o produto ser preparado com óleo de palma, um ingrediente que atribui melhor sabor ao produto.
4. Desenho de verso elaborado com cena do produto e informações que explicam melhor suas qualidades.
5. Foi prevista também a repetição da embalagem em gôndola e a diferenciação dos sabores de forma a facilitar a escolha dos consumidores.

Não houve mudanças na estrutura da embalagem nem alteração em seu custo de produção. Ela é exatamente a mesma utilizada anteriormente, pois a mudança foi apenas no design.

Os resultados foram excelentes. As vendas aumentaram mais de 50%, levando a empresa a ter de ampliar sua fábrica para conseguir atender ao aumento da demanda. A imagem da marca, do produto e da empresa deram um salto qualitativo, com a descoberta de quanto uma boa embalagem pode ajudar no crescimento do negócio.

Caso 4: Aplicação da metodologia de Inteligência de Embalagem® para a empresa Bombril

Introdução

Como trabalho de conclusão de curso realizado pela primeira turma de pós-graduação em Gestão Estratégica de Embalagem da ESPM, os alunos desenvolveram um Programa de Inteligência de Embalagem® para a linha de amaciantes Mon Bijou, produzidos pela Bombril.

Neste trabalho foi possível aplicar, pela primeira vez, o conteúdo do curso e visualizar seu impacto no negócio da empresa, caso as ações recomendadas fossem aplicadas. Foi uma experiência muito rica e seus resultados, segundo a avaliação de todos os participantes, superam as melhores expectativas e demonstram que a metodologia da Gestão Estratégica de Embalagem está formatada, podendo ser aplicada por aqueles que se dedicarem a seu estudo, mas, sobretudo, que ela funciona na prática e pode ser transmitida a quem se interessa, conforme é o objetivo deste livro.

A escolha do projeto

O trabalho de conclusão de curso tem por objetivo permitir que os alunos apliquem na prática o que aprenderam em sala de aula e possam avaliar os resultados de seu aprendizado.

Este trabalho optou pela realização de um projeto que se aproximasse o máximo possível da realidade, o que seria a aplicação da metodologia em um produto real, de uma empresa real, seguindo passo a passo os procedimentos que um profissional responsável pela Gestão Estratégica de Embalagem aplicaria em seu trabalho diário.

A escolha da Bombril se deu pelo fato de a empresa atuar fortemente no segmento de consumo de massa, com produtos que contêm todos os elementos necessários para a aplicação do programa completo, ou seja, tem frascos com formas diferenciadas, cor na pigmentação do plástico, rótulos, tampas, imagens e assim por diante.

A linha de amaciantes foi escolhida devido à performance que essa categoria vem obtendo nos últimos meses, apresentando crescimento expressivo não só no volume de produtos vendidos, como também no valor que tem conseguido, além do fato de esse tipo de produto ter ampla penetração nos lares brasileiros e, por isso, ser importante no portfólio de produtos da empresa.

Briefing

O briefing é o ponto de partida do projeto e grande parte da qualidade final do trabalho depende de sua qualidade. Por isso devemos obter, nessa fase, as informações mais completas possíveis, para que se saiba com clareza desde o primeiro momento o que que deve ser buscado.

O gerente de marketing e o diretor comercial da Bombril compareceram à sala de aula para passar o briefing aos alunos, apresentaram dados de mercado, participação e posicionamento de cada marca, descreveram como ocorria a competição naquele momento e quais foram as ações que a empresa desenvolveu no marketing da linha Mon Bijou.

Os alunos tiveram a oportunidade de dirigir perguntas e discutir com esses profissionais os principais pontos a serem abordados no projeto.

O envolvimento da alta direção da Bombril deu a dimensão do que se esperava do trabalho, uma vez que o controlador da Bombril e o presidente da empresa participaram desde o primeiro momento da integração empresa/universidade.

Isso motivou todos os envolvidos a buscar uma solução de alta qualidade para apresentar no fim do trabalho (por se tratar de dados sigilosos da empresa que os alunos e a escola se comprometeram a não divulgar, eles não serão apresentados aqui).

Objetivos fixados para o projeto

Desenvolver o Programa de Inteligência de Embalagem® para a linha de amaciantes Mon Bijou, transformando as embalagens do produto em uma poderosa ferramenta de marketing com diferencial competitivo, para aumento de 5% de *share* no prazo de um ano, reduzindo a distância que existe entre a imagem da Mon Bijou e o líder da categoria.

Pesquisas complementares ao briefing

O trabalho contou com a participação da empresa Givaudan, especialista em aromas e fragrâncias, que decidiu contribuir com o *case* Mon Bijou, uma vez que é uma das fornecedoras da Bombril e das principais empresas do segmento.

Profissionais da Givaudan fizeram duas apresentações diferentes, expondo no primeiro dia um panorama da categoria de amaciantes na América Latina, que mostrava a segmentação de mercado, a participação e o posicionamento das principais marcas que atuam nessa área.

Nessa pesquisa discutiu-se o perfil das principais marcas e suas embalagens puderam ser conhecidas. Além da apresentação dos dados, várias embalagens diferenciadas e representativas foram trazidas para a sala de aula e puderam ser manuseadas e avaliadas pelos alunos.

Na segunda etapa da pesquisa, a responsável por essa área na Givaudan apresentou uma pesquisa de hábitos e atitudes dos consumidores de amaciantes, transmitindo aos alunos informações preciosas sobre como o consumidor avalia, utiliza e percebe os benefícios desse produto e, principalmente, como avaliam/percebem as principais marcas que competem nessa categoria. Mais uma vez os alunos tiveram a oportunidade de discutir com esses especialistas aspectos relevantes do projeto.

As principais conclusões dessa fase foram as seguintes:

- Existem produtos de baixo preço na categoria que oferecem apenas a fragrância em sua fórmula, deixando de acrescentar o agente amaciante. Mesmo assim, são comprados pelos consumidores, pois a fragrância é muito importante para eles e é o atributo mais percebido desse tipo de produto.
- Não existe um procedimento padrão para a aplicação do produto, mas cada consumidor o aplica segundo sua própria maneira, com a maioria dispensando o uso da tampa dosadora, que é um dos componentes mais caros da embalagem.
- A marca Comfort, da Unilever, é a líder em imagem e referência aspiracional da categoria, estando bem acima das demais na percepção de qualidade e valor.

- A marca Mon Bijou é tradicional, mas um tanto opaca, ao contrário de Comfort, que tem referências próximas ao consenso. As imagens de Mon Bijou estiveram correlacionadas com o nível de adesão: seus usuários estão satisfeitos. Identificam na marca benefícios análogos aos de Comfort e uma maior proximidade afetiva, devido a seu preço mais acessível.

Os consumidores de Comfort estão distantes de Mon Bijou: 'marca aceitável, mas não tão boa quanto Comfort'. Independentemente da marca utilizada, a duração estimada das fragrâncias nas roupas guardadas situou-se na faixa de uma a duas semanas – prazo considerado satisfatório e compatível com o ciclo de uso do vestuário. Todavia, quando as peças são colocadas em uso, a perda do perfume – a exemplo da maciez – tende a ser bastante rápida.

Existe uma boa oportunidade para Mon Bijou ser mais arrojado em suas ações de reforço da marca para se aproximar de Comfort e se distanciar dos concorrentes de baixo preço, uma vez que a qualidade do produto é boa e sua marca é reconhecida pelos consumidores.

Outro aspecto relevante apresentado na pesquisa foi a personificação e as imagens associadas ao produto, que muito contribuíram para se compreender o imaginário do consumidor referente aos amaciantes. Uma imagem que se sobressaiu foi o céu, que o consumidor sempre via e mencionava em associação a outras imagens relacionadas aos amaciantes, como roupas macias e bebês.

O conhecimento do mercado latino-americano, seus principais players e a compreensão dos principais aspectos que envolvem a relação do consumidor com o produto foram fundamentais para iniciar o trabalho de maneira ativa, fazendo com que os alunos ampliassem sua visão do universo em que estariam atuando.

Estudos de campo

Não existe design ou desenvolvimento de embalagem que possa ser feito com qualidade sem os estudos de campo. Todo produto compete em uma categoria, e a categoria é determinante para a competição que

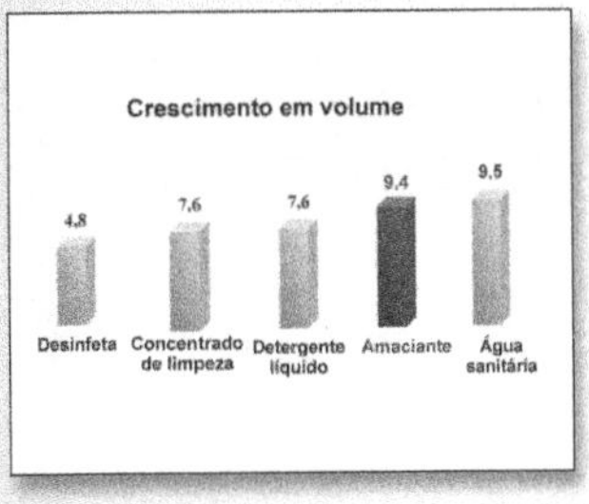

A escolha da linha Mon Bijou foi feita porque é uma das categorias que mais crescem no mercado.

Estudos de campo em supermercados e pesquisas no mercado internacional ajudaram a conhecer melhor o mundo dos amaciantes de roupas.

Os frascos atuais do mercado foram detalhadamente analisados na sala de aula e seu diagnóstico forneceu importantes diretrizes para o projeto.

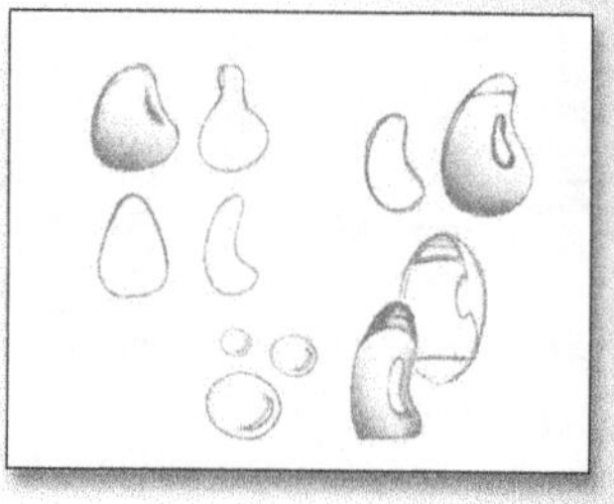

Estudo inicial considerando os dados do diagnóstico e os estudos de planejamento do projeto.

Rendering inicial do frasco proposto. O desenho original começa a ganhar forma.

nela acontece. Os estudos de campo têm por objetivo compreender a categoria, suas peculiaridades e, principalmente, como os produtos estão posicionados na competição que ocorre no ponto-de-venda.

Uma vez em posse do briefing, tendo fixado os objetivos do projeto e obtido as pesquisas complementares sobre o mercado e o consumidor, os alunos iniciaram os estudos de campo visitando os pontos-de-venda para observar os produtos lado a lado e a situação desse cenário.

Sabemos que no Brasil mais de 80% das decisões de compras são tomadas no ponto-de-venda, tendo a embalagem como forte mediador do processo. O Comitê de Estudos Estratégicos da Abre realizou pesquisas em que a embalagem é descrita pelos consumidores como 'um item de referência e avaliação cada vez mais relevante no processo de escolha dos produtos', o que nos leva a concluir que o conhecimento e a compreensão do cenário onde isso tudo acontece é de importância crucial para a condução de um Programa de Embalagem.

Assim, além da visita aos supermercados, adquirimos uma grande amostra dos produtos encontrados nesses estabelecimentos e os levamos à sala de aula para que pudessem ser analisados individualmente, da forma mais metódica e detalhada possível.

Neste trabalho foi feita a estréia da utilização de uma nova ferramenta de pesquisa recém-adquirida pela ESPM. Trata-se da ferramenta de busca por produtos lançados no mundo Global New Products Database (GNPD), da Mintel, empresa inglesa que desenvolve pesquisas e estudos nas áreas de produtos e embalagem. Por meio do GNPD é possível fazer uma busca detalhada e gerar diversos tipos de análise sobre os últimos lançamentos de produtos ocorridos no mundo. Assim, os alunos puderam observar o que havia sido lançado na categoria de amaciantes nos diversos países no último ano, nos últimos meses e nas últimas semanas, complementando seus estudos com uma visão globalizada da categoria.

Visita à fábrica do produto

Como parte dos estudos destinados a gerar um maior conhecimento sobre as condições reais de competição do produto, foi realizada uma visita à fábrica da Bombril para que os alunos pudessem conhecer o processo produtivo tanto das embalagens – uma vez que elas são produzidas no local – quanto da linha de envase e rotulagem.

O diretor de produção e o gerente da fábrica conduziram a visita acompanhando cada etapa com explicações e esclarecendo dúvidas que, porventura, iam surgindo. Nessa ocasião, foi possível observar toda a complexidade do processo e seus detalhes, o que contribuiu para valorizar ainda mais a experiência.

Montagem da estratégia

Ter uma estratégia central para o programa, que faça com que todas a ações se dirijam a um único objetivo, integrando-se no esforço para alcançá-lo, é a essência do Programa de Inteligência de Embalagem®.

A partir do entendimento de que a marca Mon Bijou era vista pelos consumidores como 'opaca', enquanto seu principal concorrente era considerado forte e ativo em termos de personalidade, ficou claro que uma ação intensiva que surpreendesse o consumidor seria necessária para mostrar que o produto podia apresentar coisas novas e diferenciadas que superassem seu concorrente e que afirmassem sua capacidade de agir, colocando-o na ofensiva com novas proposições.

O programa assim direcionado considerou que as embalagens tinham sido redesenhadas recentemente e vinham apresentando um bom resultado, não sendo recomendável mexer no que já estava dando certo. Portanto, o caminho escolhido foi propor a criação de um produto com uma embalagem inovadora na categoria e um conjunto de ações que utilizavam a embalagem como ferramenta de marketing, veículo de comunicação e elo com a Internet para gerar um novo posicionamento para a marca.

A estratégia propôs o lançamento do *Mon Bijou Premium* como forma de puxar a marca para cima, posicionando esse novo produto como pioneiro de uma nova categoria, os 'cosméticos para roupas'. Com isso a linha tradicional seria elevada, encostando mais no líder, ao mesmo tempo que se distanciaria dos concorrentes de baixo custo.

Em resumo, a estratégia era lançar um produto *premium* gerando diferenciação, aplicando nele o Programa de Inteligência de Embalagem®, transformando-o em uma poderosa ferramenta de competitividade.

Ações do programa de inteligência de embalagem®

O Sistema de Embalagem pode ser transformado em uma poderosa ferramenta de competitividade da empresa e de seus produtos.

O Programa de Inteligência de Embalagem® é o integrador de três subprogramas específicos, que reúnem todas as ações que serão executadas para se alcançar o objetivo central estabelecido para o projeto; para tanto, cada um dos subprogramas foi trabalhado individualmente e depois integrado aos demais no final do processo.

Subprograma de design

Se nosso produto estiver sendo inferiorizado por nossos concorrentes nos pontos-de-venda, todas as demais ações estarão comprometidas.

O primeiro passo para a proposição das ações relativas ao design foi realizar um diagnóstico das embalagens concorrentes na categoria, aplicando a metodologia de diagnóstico ensinada nas aulas, a qual consiste em estabelecer para cada aspecto analisado um critério preciso de avaliação que permite aplicar a planilha de cinco níveis, que faz parte dessa metodologia.

Foram avaliadas a forma, a cor e as imagens de todos os concorrentes e outros aspectos da embalagem, como logotipos, utilização de contra-rótulos etc.

A forma é o principal componente na formação da personalidade do produto e o que tem maior impacto no ponto-de-venda. Ficou acordado que ela deveria ser suave, orgânica, ergonômica, com design integrado (frasco, tampa e rótulo devem se integrar em um único elemento) e equilibrada na hora de despejar o produto.

A cor é o segundo componente em importância para a personalidade do produto; ficou estabelecido como critério que a cor deveria ser definida, suave e, se possível, diferenciada dos demais concorrentes.

Na questão imagem ficou estabelecido como critério a integração visual dos elementos e a utilização das imagens relacionadas pelos consumidores nas pesquisas realizadas pela Givaudan (presença do céu e do bebê).

Com base nesse diagnóstico, ficou definido que os elementos a serem buscados no novo design seriam uma forma exclusiva que incorporasse os atributos de anatomia, ergonomia, design integrado e uma empunhadura da alça que permitisse uma melhor disposição do produto, além da inclusão de um contra-rótulo para aumentar a área de comunicação na embalagem.

A cor deveria ser exclusiva, passando a ser um componente efetivo da personalidade do produto; para tanto, uma simulação de cores foi feita pelos alunos utilizando um software da empresa Clariant, oferecido por uma aluna da classe que era executiva dessa empresa. Foi escolhida uma tonalidade de azul perolizado, que passou a ser denominada 'Azul Mon Bijou'.

A imagem definida pelos critérios adotados deveria ser uma combinação de céu e bebê que se integrasse perfeitamente ao logotipo e aos frascos a serem desenvolvidos.

Um contra-rótulo foi previsto para integrar o novo conjunto. E se definiu como deveria ser o design a ser produzido. Em nosso programa, uma vez realizado o diagnóstico e definidos os parâmetros para o design, o briefing é produzido e oferecido à agência de design, que se encarrega de executá-lo. Como entre os alunos da classe havia designers e integrantes de agências do setor, eles resolveram produzir o novo design para apresentar ao cliente no final do trabalho. Decidiram também acionar indústrias de embalagem a que tinham acesso para produzirem os protótipos do frasco e dos rótulos.

Subprograma de inovação

A inovação é a forma mais eficiente de comunicar o diferencial e de conquistar a vantagem competitiva.

Inovação é a ação de criar algo a partir do que já existe, portanto ela deve ser procurada. Existem quatro vetores principais em que a inovação pode ser encontrada, e a metodologia do curso apresenta um roteiro para se obtê-la, partindo do consumidor e da descoberta do que ele considera/percebe como valor no produto para que se possam incorporar novidades que integrem/realcem esse valor.

No caso dos amaciantes ficou claro que a fragrância era o principal valor percebido, enquanto a aplicação e o manuseio também representam valores que podiam ser explorados. Um design diferenciado, que incorporasse inovações, também seria bem-vindo.

Os fornecedores da empresa nesse processo deviam ser considerados parte do programa de inovação e participar do processo contribuindo com idéias e sugestões; para isso, precisavam ser informados sobre o que estávamos buscando.

O diagnóstico da inovação revelou várias oportunidades a serem exploradas e foram definidas as seguintes ações a serem desenvolvidas para se construir um produto *premium* e diferenciado: incorporar a nova tecnologia de microcápsulas, que faz com que a fragrância se desprenda progressivamente durante o uso da roupa, realçando sua presença. Essa tecnologia inédita no país trouxe para o produto um forte apelo de marketing, que deveria ser explorado na construção da imagem de marca que inova e anda à frente.

Um novo 'bico direcionador de fluxo' foi incorporado, substituindo a tampa dosadora não utilizada e que encarecia o produto final; uma solução mais moderna que permitia ao consumidor aplicar o produto com maior comodidade e a seu modo. O novo bico fazia parte da nova tampa, *flip top,* facilmente aberta com apenas uma mão. Essa nova tampa aproximou o produto do mundo dos cosméticos — que era o posicionamento que estava sendo proposto.

Uma nova solução de cor para o frasco foi proposta. No lugar do frasco tradicionalmente usado, entrou um novo com parede dupla. A parede interna era feita de um material que representava 50% do peso do

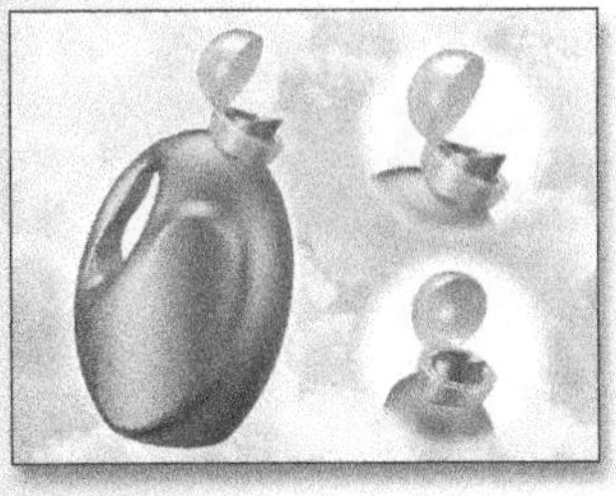

Estudos da nova tampa flip-top com bico direcionador. Um dos pontos fundamentais da proposta apresentada pelos alunos.

O frasco proposto com a alça ergonômica e o formato orgânico definidos no diagnóstico.

O novo rótulo incorpora as imagens definidas na análise inicial e o splash com as moléculas das microcápsulas sugerido pelo grupo.

O frasco completo com rótulo e contra-rótulo inicial, que oferece o Manual Mon Bijou de cuidado com as roupas.

Frasco com contra-rótulo que enfatiza o 'ciclo completo'

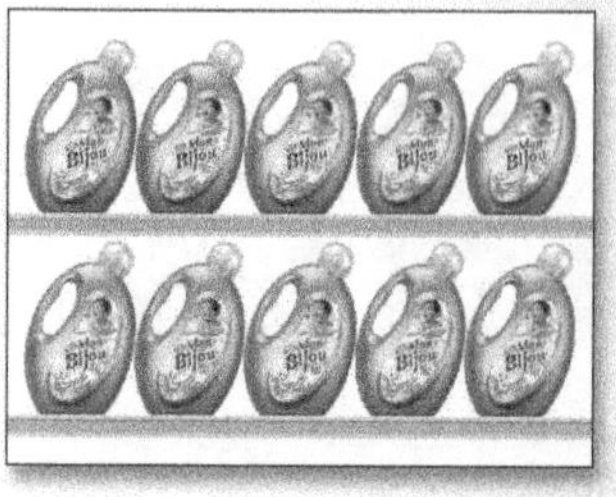

A repetição do frasco na gôndola precisa ser prevista no projeto, pois é assim que o consumidor encontrará o produto.

frasco, enquanto a parede externa recebeu um pigmento de melhor qualidade, criado exclusivamente para Mon Bijou.

Com isso, foi possível utilizar um pigmento mais caro sem aumentar o custo da embalagem, pois esse pigmento seria aplicado em apenas 50% da quantidade de plástico, podendo ainda ser comunicado que a quantidade de resina virgem foi reduzida pela metade.

Finalmente, um rótulo auto-adesivo transparente *no label look* completou o conjunto das inovações, integrando-se totalmente ao frasco.

No conjunto, até aqui, tínhamos um novo frasco com paredes *multilayers*, pigmento exclusivo e diferenciado, nova tampa *flip top* com bico direcionador e rótulo *no label look.*

Subprograma de utilização da embalagem como ferramenta de marketing

A embalagem tem contato direto com o consumidor, sendo o único representante da marca que certamente está presente nesse momento mágico em que o consumidor vivencia a experiência com o produto. Ela é um componente que demanda dinheiro e, portanto, seu custo já está incluído no preço final, constituindo-se em uma oportunidade de marketing adicional do produto a custo zero.

Existem mais de cinqüenta ações catalogadas que podem ser realizadas utilizando a embalagem como suporte; ela pode ainda ser utilizada como veículo de comunicação, conduzindo mensagens e anúncios, e como elo do consumidor com o site do produto na Internet. Utilizar todas essas possibilidades é uma forma inteligente de aproveitar ao máximo esse importante recurso de competitividade das empresas.

Ferramenta de marketing

Os alunos analisaram as possibilidades de utilização das embalagens de Mon Bijou como ferramenta de marketing e, seguindo a metodologia do curso para essa atividade, selecionaram algumas ações que, para eles, eram as mais apropriadas para o tipo de produto e também por responderem aos objetivos de marketing apresentados no briefing.

A primeira dessas ações preconiza a metodologia; ela se destina a obter o retorno do consumidor para identificá-lo e integrá-lo ao banco de dados da empresa. Considerando que a marca Mon Bijou é a única a oferecer um conjunto de produtos que atendem ao ciclo completo para o cuidado com as roupas, ficou evidente que esse deveria ser o ponto diferencial a ser trabalhado pela primeira ação; assim, além de reforçar junto aos consumidores esse diferencial, afirma Mon Bijou como especialista no cuidado com as roupas, e não apenas como um amaciante.

Para isso, foi sugerida a criação de um 'Manual Mon Bijou de cuidados com as roupas', uma peça institucional para ser oferecida aos consumidores mediante resposta; as instruções para ganhar o referido manual estariam impressas em um contra-rótulo especialmente desenvolvido para essa ação, intitulada 'Mon Bijou ciclo completo'.

Depois de incrementar o banco de dados dos consumidores com a primeira ação, a segunda devia promover um grande ato promocional de reforço do conceito, realizando um concurso com a mesma denominação da ação anterior, mas que ofereceria o 'ciclo completo' dos equipamentos para o cuidado com as roupas. Em uma ação integrada com os fabricantes, disponibilizar kits contendo: uma máquina de lavar, uma secadora, uma tábua com ferro de passar roupas e outros equipamentos para essa atividade. Este kit seria oferecido aos consumidores que se inscrevessem por meio do site ou enviando cartas para concorrer. A integração com o site era o principal objetivo, pois, para participar, o consumidor deveria preencher um cadastro e fornecer o número de identificação impresso no interior do contra-rótulo.

Uma chamada no rótulo frontal anunciaria o concurso, e as instruções estariam no verso.

Esse tipo de concurso também tem a finalidade de premiar a preferência dos consumidores, reforçando sua fidelidade e integração com a marca.

Veículo de comunicação

A terceira ação proposta consiste na inclusão de um espaço de comunicação permanente no contra-rótulo, na qual uma campanha de 'minianúncios' é veiculada de forma aleatória, anunciando inicialmente outros produtos da linha e, posteriormente, outros produtos da empresa.

Como vários milhões de frascos são colocados no mercado mensalmente, seus rótulos constituem uma mídia adicional sem custo extra, que pode ser utilizada de forma sistemática e intensiva.

Os minianúncios podem ser utilizados também como reforço de mídia nas campanhas publicitárias empreendidas pela Bombril.

Integração com a Internet

Como o ponto principal de toda a ação de marketing desenvolvida foi mantida na embalagem, os alunos propuseram a criação de um site (www.monbijou.com.br) para funcionar integrado com ela. Por meio da embalagem, o consumidor poderia ser conduzido para o site, ampliando assim sua interação com a marca. O site proposto deveria oferecer informações sobre o cuidado com as roupas e também ser abrangente o suficiente para introduzir o consumidor no 'Mundo de Mon Bijou', onde ele conheceria aspectos culturais relacionados à roupa e seu papel social através do tempo, receberia instruções de costureiros e estilistas famosos sobre moda, trocaria informações entre si, participaria de comunidades, concorreria a brindes e muito mais.

Ações combinadas (site/embalagem) seriam desenvolvidas para manter e ampliar a visitação e a interação com os consumidores. Isso constituiria uma nova fronteira que a embalagem começaria a explorar, abrindo novas possibilidades para sua utilização como ferramenta de marketing.

A título de exemplo, foram sugeridas as seguintes seções no site:

- 'Mon Bijou ciclo completo', manual para download.
- 'Manual dos fabricantes de equipamentos' sobre como utilizar melhor a máquina de lavar, a secadora e o ferro de passar roupas.
- Roupa: cultura e sociedade (importância sociocultural da roupa).
- Estilista do mês (espaço onde um expoente da moda daria dicas e sugestões).
- Consumidor sabe-tudo (espaço em que os consumidores dariam dicas sobre o que descobriam, seus pequenos segredos etc.).
- Seção cegonha (espaço onde as mamães apresentariam as fotos de seus bebês).
- Comunidade Mon Bijou (espaço onde os consumidores se relacionariam e trocariam experiência).
- Enquete (para colher informações sobre novas fragrâncias, cores etc.).
- Concurso permanente (espaço onde o consumidor responderia e ganharia brindes).
- Conheça a Bombril (tudo sobre a empresa, seus produtos e assim por diante).

Resumo das propostas apresentadas

O Programa de Inteligência de Embalagem® consiste em um conjunto de ações integradas, que são executadas de forma sistemática e seqüencial, com o objetivo de obter o máximo da contribuição que o Sistema de Embalagem pode oferecer ao marketing da empresa.

Neste projeto foi apresentada a seqüência de ações a seguir que, em seu conjunto, colocariam o Sistema de Embalagem da empresa em um outro patamar, fazendo com que ela assumisse a iniciativa no mercado:

1. DESIGN – Novo frasco que posiciona o produto na categoria 'cosméticos para roupas'. Novo *shape* exclusivo, nova tampa e bico inovadores, nova cor exclusiva, imagens em sintonia com a visão do consumidor, novo contra-rótulo.
2. INOVAÇÃO – Nova fórmula com 'microcápsulas'. Novo frasco *multilayers*, novo pigmento exclusivo, novo bico direcionador com tampa *flip top* e rótulo *no label look*.
3. FERRAMENTA DE MARKETING – Um conjunto de quatro ações seqüenciais foi apresentado para que o cliente pudesse ter uma idéia do alcance do programa e de seu impacto no negócio. Duas ações de marketing utilizando a embalagem como suporte, uma ação de mídia permanente e uma ação de integração da embalagem com a Web.

A força do Programa de Inteligência de Embalagem® está no conjunto de ações sistemáticas que ele propõe. Sua aplicação gera uma massa de *inputs* que potencializa ao máximo a contribuição que a embalagem pode oferecer. Ao todo foram treze itens levantados, cujo impacto pôde ser vislumbrado pelos especialistas da Bombril e por todos aqueles que participaram do trabalho.

Conclusão e resultados

Como se tratava de um trabalho de conclusão de curso, seu objetivo era demonstrar na prática a aplicação dos conceitos aprendidos no curso. Nesse caso, nossa intenção era justamente aplicar a metodologia da Gestão Estratégica de Embalagem, cuja ferramenta de aplicação denominamos de Programa de Inteligência de Embalagem®.

Pretendíamos verificar se os alunos conseguiriam aplicar esses conceitos e transformá-los em um Programa de Inteligência para um cliente real em condições o mais próximo possível da realidade.

Isso não só foi confirmado como, segundo a avaliação do cliente em questão, excedeu todas as expectativas. Estavam presentes na sala de aula naquele dia o controlador da Bombril, o presidente, os diretores de marketing comercial e de produção, o gerente de marketing, a gerente de grupo de produtos e a gerente do produto em uma demonstração inequívoca da importância atribuída pela empresa a este projeto de integração empresa/escola.

Toda a cadeia de comando da empresa pôde acompanhar a apresentação do trabalho, bem como avaliar e discutir a pertinência das propostas.

Os alunos se empenharam muito com o objetivo de oferecer soluções que pudessem de fato ser implantadas, o que realmente ocorreu, pois o cliente se entusiasmou com o que foi apresentado e manifestou a intenção de utilizar as propostas.

A direção acadêmica da escola participou da apresentação e avaliou como muito positiva a experiência como conclusão de um curso cujo conteúdo é inovador, inédito e estava sendo finalizado pela primeira vez. A coordenação do curso de pós-graduação em Gestão Estratégica de Embalagem avaliou que o trabalho de conclusão de curso apresentado pelos alunos da primeira turma alcançou os seguintes objetivos:

Os alunos visitando a fábrica para conhecer a fabricação dos frascos e o envase do produto.

Os dois gráficos desta página demonstram os temas das campanhas de utilização da embalagem como ferramenta de marketing e elo com a Internet.

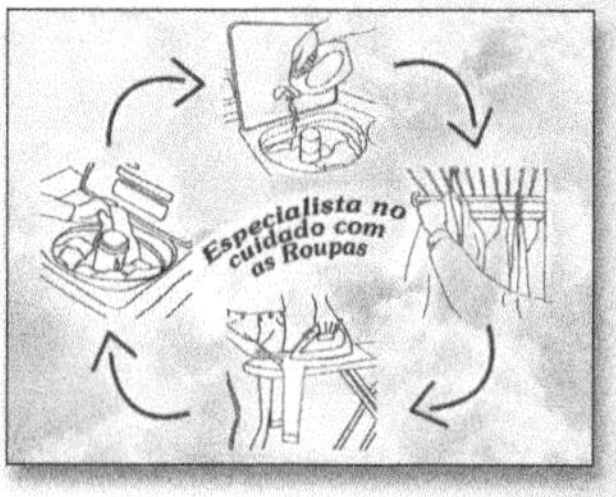

1. Confirmou que o curso gerou e entregou aos alunos uma metodologia de Gestão Estratégica do Sistema de Embalagem das empresas, e que tal metodologia foi compreendida e assimilada pelos alunos.
2. A metodologia está formatada e pode ser agora replicada e aperfeiçoada.
3. Os alunos formados conseguem aplicá-la na prática em condições reais e empresas reais.
4. A empresa que participou do projeto compreendeu a proposta do Programa de Inteligência de Embalagem® e conseguiu visualizar a contribuição desse programa para seu negócio.
5. Por ser um programa acadêmico inédito, concluído pela primeira vez, os resultados não poderiam ser mais animadores.

Observações finais

A embalagem tem impacto no negócio das empresas, sendo um fator decisivo no novo cenário competitivo, conforme demonstram as pesquisas do Comitê de Estudos Estratégicos da Abre. Sua utilização pelas empresas brasileiras, entretanto, está muito aquém da contribuição que essa poderosa ferramenta de competitividade pode oferecer. Faltam profissionais preparados e gestão especializada, conforme demonstra o diagnóstico da Gestão de Embalagem nas Empresas Brasileiras, realizado pela empresa de pesquisas GFK Indicator para o Núcleo de Estudos da Embalagem da ESPM.

O curso que está sendo oferecido pela ESPM, cujo trabalho de conclusão foi apresentado neste *case*, vem suprir essa lacuna, oferecendo ao mercado uma nova metodologia de gestão e os profissionais qualificados para aplicá-la.

Ao concluir este trabalho, a escola vence um grande desafio: oferecer ao país instrumentos de gestão que contribuam efetivamente para seu desenvolvimento, cumprindo assim sua missão, e formar novos profissionais que possam se encarregar da aplicação prática dos conhecimentos recebidos.

Com a apresentação deste *case*, concluímos o livro com a certeza de estarmos oferecendo ao setor de embalagem uma importante contribuição, pois a elevação da embalagem ao status de componente estratégico do negócio valoriza todos os integrantes de sua cadeia produtiva. Ao dotá-la de uma metodologia de gestão, que forneça aos profissionais que já atuam na área uma nova visão de seu papel e às novas gerações um instrumento de formação, este livro lança as bases para que outros especialistas se dediquem ao tema, aprofundando ainda mais seus conceitos. Como foi afirmado no início do texto, nosso objetivo não é esgotar o assunto, mas abrir uma nova perspectiva para todos aqueles que atuam neste setor tão importante para o desenvolvimento do país.

RECOMENDAÇÕES AO GESTOR ESTRATÉGICO DE EMBALAGEM

Para os que já atuam na área de embalagem e os que desejam atuar, é fundamental desenvolver a visão sobre a importância estratégica da embalagem e o conhecimento sobre as várias maneiras de utilizá-la para obter um melhor desempenho competitivo e, principalmente, extrair o máximo da contribuição que essa poderosa ferramenta pode proporcionar à empresa.

Como a embalagem é resultado da operação de um sistema complexo e multidisciplinar, seu gestor deve ser um profissional eclético, aberto a novos conhecimentos e disposto a interagir positivamente com os demais integrantes do sistema. O conhecimento interdisciplinar, a leitura, o estudo e a participação em atividades que possam trazer novos conhecimentos e informação atualizada sobre o desenvolvimento do setor devem estar permanentemente em sua pauta. Marketing, estratégias competitivas, gestão de projetos, liderança e gestão de equipes, assim como tudo o que diz respeito à inovação, devem ser estudados para complementar a formação e o acervo de conhecimento que tais profissionais precisam ter.

Participar de entidades do setor é muito importante para que não se fique restrito à empresa, mas amplie seus horizontes trabalhando e convivendo com outros profissionais. Posso afirmar, por experiência própria, que as atividades extra-empresa tiveram um papel fundamental na ampliação da visão que eu tinha sobre embalagem. Tanto a ESPM, onde leciono há quase quinze anos, como a Abre, onde atuo desde 1998, foram fundamentais, pois convivi com muitos profissionais e com eles pude compreender melhor a amplitude do setor de embalagem, suas nuances e complexidades.

Assim, eu recomendo que atuem, participem, compareçam e vivam seu setor intensamente. Por mais trabalho e responsabilidade que se tenha na empresa, sempre é possível arrumar tempo para essas atividades. A empresa e o profissional só têm a ganhar com isso.

Vale a pena prestar atenção na categoria dos cereais matinais. Suas embalagens andam na frente e sempre trazem novidades.

Alimentos para gatos é outra categoria que investe muito em suas embalagens e merece atenção especial.

As latas rotuladas podem ser bem exploradas, como demonstram essas embalagens americanas.

Também não deve ser esquecido o estudo continuado. O profissional de hoje não pode mais parar de estudar. Seja fazendo cursos, seja estudando nos livros, todos devemos ter um roteiro de estudo e metas de aprendizado, por isso, no final do livro, há um roteiro de estudo que pode servir de base referencial.

E, finalmente, os responsáveis por embalagem nas empresas devem estar conscientes de seu importante papel e procurar integrar-se mais intensamente nas tomadas de decisão, não só participando, mas, principalmente, propondo ações que possam contribuir para uma utilização mais inteligente desse recurso.

Para isso, vale a pena elaborar um Programa de Inteligência de Embalagem®, conforme propusemos, identificando pontos que podem ser apresentados e implementados pela empresa.

Pense em estratégias para o futuro

Nada exerce mais impacto no negócio do que o futuro, os acontecimentos e as descobertas que ele trará. Por isso existe um intenso trabalho de previsão dos acontecimentos e de monitoramento de tendências que vêm sendo desenvolvidos por empresas. Especialistas, escolas e consultores pelo mundo afora dedicam-se a prever o que vai acontecer e a aconselhar as empresas sobre como se prevenir e/ou aproveitar as oportunidades que surgirão. Em nosso caso, não podemos deixar de alertar sobre a importância desse trabalho e fornecer algumas indicações de como proceder na montagem de estratégias para o futuro.

Todo plano que leva em consideração o futuro do negócio começa traçando cenários possíveis, que contemplem os principais vetores que direcionam os acontecimentos. Assim, vamos fixar alguns vetores e fazer uma análise roteirizada de seus possíveis impactos.

Vetor 1 — Demografia e consumidor

Embora esteja crescendo a taxas inferiores em relação às antigas, que apontavam para uma possível explosão populacional, o mundo tem uma população crescente, portanto, haverá mais consumidores e mais consumo no futuro e a demanda por bens de consumo e embalagens será cada vez maior.

Que tipo de consumidor será este?

1. Será um consumidor com maior poder aquisitivo, pois os maiores bolsões de miséria do planeta (China e Índia) estão se desenvolvendo e reduzindo a pobreza. Esses países, mais a Rússia e o Brasil, formam os BRICs, e possuem as maiores populações, com Estados Unidos e Indonésia.

   Como mais de 60% do consumo de embalagem nos BRICs é representado por alimentos e bebidas e, se acrescentarmos a isso, os produtos de higiene pessoal, perfumaria e cosméticos e os medicamentos e produtos farmacêuticos, que são bens de consumo pessoais renováveis, alguns deles sendo consumidos mais de uma vez por dia, podemos concluir que, no futuro, haverá mais consumidores, mais consumo, mais produtos de consumo e mais embalagens.

   Esses consumidores almejam uma melhor qualidade de vida e têm preocupações com a saudabilidade e segurança alimentar, com o bem-estar e auto-expressão, além de uma preocupação crescente com as questões ambientais. São, antes de tudo, 'pessoas' que estão se desenvolvendo, estudando cada vez mais, tendo maior acesso à comunicação e à informação.

   As mulheres terão cada vez mais proeminência e poder na sociedade de consumo, pois, desde a libertação do controle masculino nos anos 60, não pararam de ascender. Elas representam, no Brasil, 52% da população, mas respondem por 75% do consumo. Hoje, em cada três formandos na universidade, dois são mulheres. Algumas profissões já evidenciam uma presença predominantemente feminina.

   Conforme conquistam posições no mercado, as mulheres têm menos tempo para cuidar da casa e dos filhos, e isso gera a necessidade de mais produtos que as ajudem nessas tarefas. A alimentação fora do lar já representa 52% dos alimentos consumidos nos Estados Unidos, sendo o *food service*, como são denominados esses produtos e serviços, crescente a uma taxa que é o dobro do crescimento do varejo tradicional de alimentos. A demografia e as tendências relacionadas ao modo de vida e aos hábitos de consumo constituem o principal vetor estratégico a ser considerado.

Vetor 2 — Tecnologia

A tecnologia vem evoluindo a passos largos em três direções: materiais, processos e equipamentos. Materiais de alta tecnologia, plásticos de alta barreira, combinações de materiais, aditivos e complementos como tampas e dispositivos de abertura e fechamento são caminhos que precisam ser rastreados e monitorados. Novos processos, especialmente voltados para a conservação das propriedades naturais de alimentos e bebidas, e processos que aproveitam melhor os recursos materiais constituem as principais linhas de desenvolvimento com a nova tecnologia, que deve abrir novos horizontes. Equipamentos digitais de alta performance que possam ser customizados são o caminho. Até agora, o design das embalagens precisava levar em consideração as possibilidades de fabricação e os limites técnicos dos equipamentos existentes na linha de produção. Hoje, começam a surgir empresas que se propõem a construir os equipamentos de produção com base no design da embalagem, ou seja, primeiro se pesquisa e descobre os anseios e necessidades dos consumidores, cria-se o design da embalagem que os atende e, posteriormente, são projetadas as máquinas que vão fabricá-la. Trata-se de uma nova maneira de conceber e produzir as embalagens do futuro. De um lado, busca-se oferecer o que o consumidor deseja e precisa, enquanto, de outro, procura-se criar novas soluções que possam ser apresentadas abrindo novas demandas.

Outro componente que deve ter impacto no consumo é o Smart Tag, ou Sistema de Identificação por Radiofreqüência (RFID, em inglês), que substituirá o código de barras. Essa novidade é tão importante que merece uma análise um pouco mais detalhada.

Embalagens mais caras

Vivemos a era do custo. Todos estão mobilizados na busca da economia. *Savings* em embalagens viraram meta e objetivo de muitos profissionais dessa área que, atuando nos grandes usuários de embalagens ou nas empresas menores, percorrem os mesmos caminhos: redução de peso, espessura, número de cores ou a troca pura e simples para alternativas mais baratas. Isso tudo está acontecendo porque existem pressões de toda parte exigindo redução de custos e a indústria de embalagem não poderia ficar fora desse movimento, uma vez que produz um dos componentes do custo final dos produtos que o consumidor encontra no varejo.

O que acontece, no entanto, é que essa postura, tomada sem uma análise crítica, pode conduzir as empresas a uma armadilha que, no longo prazo, as fará reféns do 'preço baixo', eliminando qualquer possibilidade de recuperação das margens de lucro de seus produtos.

O objetivo aqui é chamar a atenção do mercado para um outro tipo de abordagem desse tema, que pode resultar em ótimas oportunidades de negócios.

Trata-se de 'pensar fora da caixa', andar no contrafluxo, fugir da vala comum e se destacar do rebanho. Em vez de reduzir o custo de suas embalagens, pense em aumentar os custos produzindo embalagens melhores, mais bonitas e chamativas, com qualidade superior às de seus concorrentes.

Existem grandes oportunidades de posicionar o produto em patamares superiores com maior valor agregado, por meio do uso freqüente da embalagem.

Num caso recente, um aumento de custo importante na embalagem resultou em 7% de acréscimo no custo final do produto e num aumento de 30% nas vendas. Apresentado num evento da Abre, esse caso mostrou que, ao mudar completamente a estrutura e a apresentação do produto, a nova embalagem obteve destaque no ponto-de-venda, alavancando as vendas.

Outro caso mostrou que, em uma categoria, o produto *premium*, que usava uma embalagem de acrílico injetado, tinha como concorrentes produtos com embalagens baratas que custavam um quinto de seu valor. Uma nova estrutura de embalagem, que aumentou em trinta centavos o custo do produto, permitiu que ele fosse comercializado por um real e setenta centavos a mais do que era vendido com a embalagem antiga mais barata, posicionando-se num espaço intermediário entre o produto *top* (mais caro) e a vala comum dos produtos baratos.

Oportunidades como essa estão ao alcance em várias categorias. Faça o teste. Não custa fazer as contas antes de sair cortando custos, como se fosse uma fatalidade, a única alternativa existente.

Muitas vezes, um aumento de dez, quinze centavos no custo da embalagem, assimilado ao custo do produto, pode resultar no aumento de um real no preço final de venda, posicionando-o num patamar acima do qual se encontrava.

Vamos pensar fora da caixa só um pouquinho, vamos pensar em embalagens mais caras, afinal, o consumidor já nos disse várias vezes que, para ele, a embalagem e o produto constituem uma única entidade.

Os profissionais, que serão responsáveis pela condução de programas estratégicos de gestão da embalagem, precisam sempre considerar a oportunidade de desenvolver embalagens melhores e mais competitivas acima da simples redução de custos, pois a redução de custos sozinha não garante a vantagem competitiva, uma vez que ela é sempre formada por um conjunto de fatores.

A função social da embalagem

Tem se tornado comum para nós a constatação cada dia maior da visão negativa que se desenvolveu em relação à embalagem em círculos de influência formadores de opinião.

Freqüentemente, acredita-se que a embalagem é, na melhor das hipóteses, 'um mal necessário' e, na pior delas, uma inutilidade destinada a encarecer os produtos e poluir o meio ambiente.

Essa visão equivocada, fruto da desinformação, vem ganhando terreno e precisa ser combatida por todos aqueles que atuam no setor ou estão a ele ligados em escolas, empresas que as produzem e utilizam, sob

Essa embalagem israelense enfatiza a praticidade na aplicação do produto.

Os produtos orgânicos e os biodinâmicos, como esse, representam novos desafios aos gestores. Como deveriam ser essas embalagens para se diferenciarem das demais?

Um clássico, essa latinha de pastilhas de menta continua desempenhando com perfeição sua função.

A transparência é mágica, desperta grande atração no ser humano e representa sempre uma boa oportunidade em qualquer categoria de produto.

Essa embalagem usou a transparência, inovou na categoria e aumentou em 30% a venda do produto.

Os fabricantes de garrafas de alumínio ainda não perceberam o enorme potencial promocional que elas representam. Eles poderiam explorar a reutilização da garrafa como 'cantil' que mantém a bebida fresca.

pena de vermos surgir a cada dia novas iniciativas que objetivam barrar o desenvolvimento do setor e impor medidas restritivas.

A sociedade brasileira precisa conhecer a grande importância econômica e social da embalagem para o desenvolvimento do país e para a melhoria da qualidade de vida de sua população. Os brasileiros precisam conhecer a enorme contribuição da embalagem para a saúde pública e saber que não é possível ministrar medicamentos às pessoas que vivem em nossas milhares de cidades sem utilizar embalagens. Ninguém consegue tomar um remédio sem embalagem (basta observar uma farmácia para perceber isso).

Não é possível vacinar as crianças, nem garantir a sanidade dos rebanhos de animais, distribuir a merenda escolar, alimentar os trabalhadores nos restaurantes industriais e realizar um número enorme de ações de caráter sanitário e social sem a utilização intensiva de embalagens.

As exportações brasileiras, que tanto têm contribuído para o equilíbrio de nossa balança comercial, utilizam muitas embalagens, pois mais da metade de seu valor é constituído por produtos manufaturados que exigem boas embalagens, tanto para chegar em perfeitas condições a seu destino como para competir nos mercados mais exigentes do mundo.

Nas questões ambientais, em que a embalagem tem sido tão atacada, é preciso lembrar que o Brasil já alcança índices bastante bons de reciclagem e que essa atividade ainda tem um longo caminho a evoluir no país, embora dependa da melhoria da educação e das condições de saneamento básico, pois sem coleta seletiva e sem educação não se consegue reciclar em larga escala.

A reciclagem de embalagens é uma atividade que contribui não só para a proteção ao meio ambiente como também para a assistência social, pois responde hoje como fonte de trabalho e renda para mais de meio milhão de brasileiros que não tem qualificação profissional e tiram dessa atividade o sustento de sua família.

O setor supermercadista é hoje um dos maiores geradores de empregos no país. Alguém consegue imaginar um supermercado sem embalagens?

As indústrias de alimentos e bebidas respondem por cerca de 60% do consumo total de embalagem, pois são indústrias de bens de primeira necessidade que dependem desse material para distribuir seus produtos em todas as regiões e cidades do Brasil.

Os habitantes do norte e nordeste só podem consumir os alimentos e bebidas produzidos no sul e sudeste por causa das embalagens, que permitem sua chegada em perfeitas condições de consumo, ocorrendo o mesmo com os produtos do norte e nordeste que chegam nas demais regiões.

Poderíamos enumerar mais uma série de contribuições da embalagem para as pessoas, as empresas e o país, mas acreditamos que os exemplos citados já dão uma boa visão dos fatos.

A embalagem não é 'um mal necessário', é um componente fundamental para a economia, a saúde, o emprego, o bem-estar e o desenvolvimento de nosso país e isso precisa ser lembrado em todas as oportunidades, uma vez que não existe nação desenvolvida sem uma indústria de embalagem forte, que viabilize suas exportações e atenda a suas necessidades internas.

Uma pequena revolução na maneira de fazer compras

Muita gente ainda se lembra das filas quilométricas que existiam nos supermercados até meados dos anos 90, quando não eram utilizadas as etiquetas com o código de barras.

Cada produto portava seu preço e o operador de caixa tinha de digitá-los um a um, levando um tempo interminável, pois, devido à inflação galopante daquela época, as compras, habitualmente, eram feitas no início do mês e deveriam ser suficientes para todo esse período, havendo famílias que passavam com dois ou três carrinhos abarrotados. Era um martírio. Para quem viveu essa época, o som do bip emitido pelo scanner na passagem do produto pelo leitor infravermelho soa como uma música tranqüilizadora.

O código de barras de sete campos criou uma nova maneira para os supermercados operarem e trouxe enorme benefício para a cadeia do varejo e para a vida dos consumidores. Tudo ficou mais ágil, eficiente, os controles melhoraram e o negócio cresceu graças aos benefícios em cadeia que o sistema propiciou. Hoje, 86% das vendas de gêneros alimentícios, produtos de higiene pessoal e limpeza doméstica são realizadas no sistema de auto-serviço, e setores como drogarias, materiais de construção, papelarias e livrarias, por exemplo, estão migrando progressivamente para esse sistema. Foi uma pequena revolução.

Agora, uma outra evolução promete revolucionar novamente a operação do varejo e a maneira de fazer compras. Trata-se do Sistema de Identificação por Radiofreqüência. Esse sistema substitui a leitura infravermelha do código de barras atual pela leitura por radiofreqüência e amplia de 7 para 32 campos o espaço para informação que o produto carrega. Por meio desse sistema, o lote de fabricação, o prazo de validade e outras informações importantes para a logística de distribuição, a segurança, os controles, perdas, roubos etc. passam a ser incorporados ao produto com uma série de ganhos em cadeia, tanto para quem produz quanto para quem distribui, vende e compra o produto. Com esse sistema, uma mercadoria, ao sair da fábrica, desencadeia um processo de leituras e registros que acompanharão o produto até a casa do consumidor.

As conferências, checagens e controles passarão a ser automáticos e computadorizados, o supermercado saberá instantaneamente, a qualquer momento, o que tem no estoque, o vencimento das mercadorias e toda a movimentação que o produto fez até aquele momento, melhorando a eficiência do sistema, reduzindo perdas e gerando mais informação a cada passo do processo.

Para o consumidor, os benefícios imediatos serão a redução no custo dos produtos que o novo sistema propiciará e a conveniência de passar direto pelo caixa sem ter de tirar os produtos do carrinho, pois, com um único bip, o sistema lê todos os preços. Se, por algum 'descuido', o consumidor tiver posto um produto no bolso, ele também será lido instantaneamente.

Os 32 campos de informação dessas novas etiquetas possibilitarão às indústrias uma ampliação sem precedentes no conhecimento sobre seus negócios, com repercussões profundas em seu desempenho. É uma nova revolução, pois esse conhecimento afetará o trabalho dos gestores de negócios, comerciantes, profissionais de pesquisa e das comunicações. Vamos saber mais e funcionar melhor, com mais eficiência em todo o sistema. E para quem pensa que isso é futurologia e ficção científica, é bom lembrar que o Wal-Mart já colocou esse sistema para funcionar em parte de sua rede nos Estados Unidos.

A Smart Tag ainda tem um obstáculo a ser vencido para sua implantação em larga escala: o preço por etiqueta, que deverá custar cerca de US$ 0,03, para ser totalmente viável. Os especialistas calcularam que esse valor será alcançado em três ou quatro anos no máximo, mas antes disso, provavelmente, já iremos encontrá-la aqui e ali.

Coloque o consumidor no centro da estratégia

Um dos erros mais comuns que presenciamos é o menosprezo pela capacidade de discernimento do consumidor. Muitos profissionais da nossa área acreditam que, pelo fato de o Brasil ser um país com problemas sociais graves e uma população predominantemente de baixa renda, o consumidor brasileiro é totalmente despreparado e ausente de critérios de escolha, devendo aceitar qualquer coisa que lhe seja oferecida. Além de desrespeitosa para com aqueles que, no final do processo, pagam o salário de todo o sistema, é uma visão que não corresponde aos fatos, pois, ao contrário do que se imagina, nosso consumidor não só sabe escolher e identificar uma embalagem de melhor ou pior qualidade, como foi educado para o consumo. Esse processo de formação da cultura de consumo em nosso país teve início nos primeiros anos do século XX e vem se aprimorando até os nossos dias, numa dinâmica de integração do Brasil com o mundo globalizado.

Isso acontece porque as maiores multinacionais de produtos de consumo se instalaram por aqui no início de sua expansão mundial e com elas vieram suas agências de propaganda e seus métodos de comunicação e convencimento.

Uma pequena descrição desse processo vai nos ajudar a compreender por que devemos colocar o consumidor no centro do nosso planejamento, tratando-o como deve ser tratado, ou seja, como aquele que faz todo o sistema se justificar e para quem todo o sistema está voltado.

Consumidores de Primeiro Mundo

Logo após os eletrizantes anos 30, algumas multinacionais de bens de consumo começaram a chegar ao Brasil, trazendo o que havia de mais moderno na produção industrial de então. Empresas como Unilever, Nestlé, Colgate, Johnson & Johnson, entre outras, aqui começaram a anunciar seus produtos utilizando técnicas de comunicação ainda desconhecidas entre nós. Com essas empresas, vieram também suas agências de publicidade e o Brasil conheceu a força dessa nova ferramenta de comunicação e marketing. Além disso, graças à ação do rádio, muitos grandes artistas da época compuseram e cantaram os '*jingles* inesquecíveis' que até hoje encantam aqueles que os ouvem.

A partir daí, uma onda modernizante sacudiu nossa sociedade, que passou a utilizar 'o sabonete das estrelas de cinema', o 'leite da moça' e uma grande seleção de produtos mundiais que essas grandes empresas difundiram entre nós.

Depois da Segunda Guerra Mundial, o mundo assistiu à arrancada avassaladora de uma nova potência e seu *way of life* virou a coqueluche do momento, embalada pelo brilho de Hollywood e apoiada pela fascinante seleções de *Reader's Digest*, que, no início dos anos 60, já apresentava a impressionante marca de 26 milhões de exemplares publicados em catorze idiomas.

A chegada da televisão coincidiu com o fortalecimento da presença das grandes agências de publicidade internacionais, que começaram a fazer da nossa propaganda o xodó dos consumidores brasileiros. Estava tudo pronto para a revolução do varejo que, a partir do Peg Pag, um dos primeiros supermercados a adotar o autosserviço, e de outros pioneiros, mudou a maneira de o brasileiro fazer compras. Veio, então, o milagre econômico e a urbanização do país, criando o cenário propício para o desenvolvimento da moderna sociedade de consumo que se consolidou no Brasil nos dias de hoje.

Essa introdução relâmpago serve de base para que se compreenda por que o Brasil tem hoje uma

Embalagens diferenciadas e inteligentes como essa despertam o entusiasmo de todos e impressionam positivamente os consumidores.

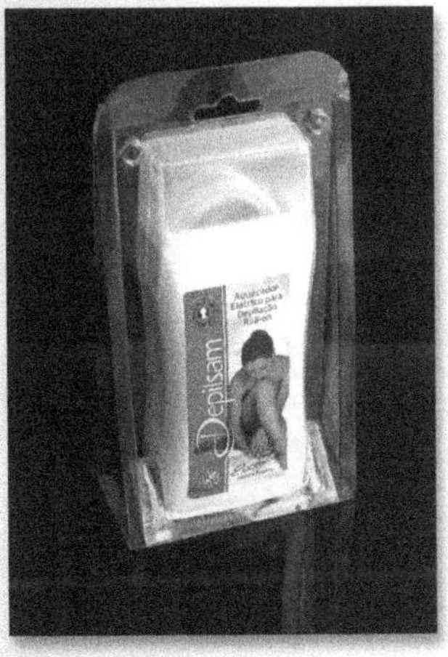

A embalagem clam shell é muito utilizada em produtos eletroeletrônicos, mas é novidade na categoria cosméticos.

Gelo de água mineral: um produto inovador que a embalagem soube potencializar. Essa embalagem pode ser estendida para uma série de produtos oferecidos em porções.

Essa embalagem conseguiu trazer para o produto a vinculação construída pela marca com o patrocínio automobilístico.

A Coca-Cola soube se associar aos festejos populares do Nordeste brasileiro lançando mão de imagens da literatura de cordel, típica da região.

indústria de embalagem moderna, atualizada e do mesmo nível da que existe nos países mais desenvolvidos.

Acompanhando e contribuindo para a evolução da sociedade brasileira, essa indústria encontrou o estímulo de um consumidor que sabe escolher e distinguir uma boa embalagem e valorizá-la na hora de fazer compras. O brasileiro é superantenado e educado para o consumo e deseja ser tratado pela indústria como consumidor de primeiro mundo. É isso que nos revela a pesquisa realizada pelo Comitê de Estudos Estratégicos da Abre.

Assim, chegamos à constatação de que o brasileiro aprendeu a consumir comprando os produtos dos melhores fabricantes, assistindo a uma propaganda de primeiro mundo e escolhendo nos melhores supermercados do planeta.

Tudo isso contribuiu para que chegássemos onde estamos. A indústria de embalagem, hoje instalada no país, precisa oferecer embalagens condizentes com as exigências desse consumidor, da cadeia industrial e de varejo. É por isso que estamos exportando cada vez mais embalagens e complementos para o mundo todo. As exportações brasileiras de embalagens (vazias) cresceram 30% em 2003, mais 10% em 2004 e, em 2007, devem superar os 300 milhões de dólares em vendas externas. É um número pequeno, se considerarmos que a produção total do setor alcançou os 10 bilhões de dólares em 2005. Mas devemos lembrar que não tínhamos tradição e as exportações diretas eram um fato recente no nosso setor. As exportações indicam que nossa indústria está qualificada para colocar os produtos brasileiros em competição nos mercados mais exigentes do mundo. Assim, recomendamos fortemente aos gestores de embalagem que valorizem o consumidor em seus projetos, tratando-o como realmente merece e deseja ser tratado.

A estratégia que coloca o consumidor no centro do processo tem mais força e evita os erros comuns de menosprezá-lo e subestimá-lo.

A equação de valor da embalagem

Uma questão que sempre está presente em qualquer discussão sobre embalagem é o valor que ela tem e o valor de sua contribuição para o sucesso do produto e, conseqüentemente, da empresa. Trata-se de uma questão complexa sobre a qual existe pouquíssima literatura, entendimento ainda menor e opiniões controversas que raramente chegam a algum acordo. Mas, mesmo assim, por causa de sua importância para o desenvolvimento dos programas que estamos propondo, não poderíamos deixar de abordá-la.

O Comitê de Estudos Estratégicos da Abre colocou em pauta essa questão no início de 2007 e trouxe ao Brasil, para coordenar um workshop sobre o tema, um especialista internacional em embalagem, o consultor indiano Arup Segupka, que coordenou um grupo representativo de profissionais das principais indústrias de embalagem do país, composto também de professores de universidades que se dedicam ao tema.

As conclusões desse trabalho ainda não foram apresentadas, pois as discussões e os estudos continuam exigindo pesquisa e reflexão para sua concretização.

Como participante desse evento e coordenador do Comitê, decidi prosseguir com minhas próprias reflexões e estudos para oferecer, neste livro, algumas referências que permitirão aos leitores terem pelo menos um ponto de partida para o tema. Minha proposta é apresentar apenas um roteiro inicial que permite posterior desenvolvimento.

Premissas para uma equação de valor da embalagem

O conceito de valor se estende aos diversos elos da cadeia produtiva da embalagem, assumindo diferentes formas em cada um deles. Compreender a posição e o papel de cada um no processo é o ponto de partida para nosso trabalho.

São quatro os agentes que compõem a cadeia de valor da embalagem:

1. O consumidor
2. As empresas usuárias de embalagem
3. A indústria de embalagem
4. As empresas de varejo

Para cada um desses agentes, a embalagem assume um valor específico que precisa ser considerado no momento de avaliá-la.

Valor para o consumidor é aquilo que ele percebe

Para o consumidor, a embalagem atende a aspectos racionais objetivos e aspectos subjetivos, emocionais e simbólicos. Ele não separa a embalagem de seu conteúdo, o que faz com que ambos constituam uma única entidade indivisível. Essas conclusões são resultado da pesquisa realizada pelo Comitê de Estudos Estratégicos da Abre. Nessa pesquisa, os consumidores revelaram que a embalagem é um item de avaliação e referência cada vez mais relevante no processo de escolha dos produtos. A equação do valor da embalagem para o consumidor deve estar no centro de toda a estratégia da empresa porque é decisiva, tanto para servir de base para o programa de inovação quanto para o de design, que compõem os pilares da Gestão Estratégica de Embalagem. Acresce-se a isso que, para o consumidor, o valor da embalagem também está subordinado à classe social a que ele pertence, variando entre as três classes principais.

Assim, para os consumidores da classe A, a embalagem transmite valor e é percebida como tal quando atribui *status*, sensação de poder por possibilitar comprar itens mais caros, auto-satisfação, indulgência, conveniência, praticidade e, principalmente, quando *afirma* o diferencial de classe desse grupo de consumidores.

Já os consumidores da classe B estão muito focados no valor pago para ter o que necessitam. Esses consumidores precisam avaliar o que compram, pois não podem adquirir tudo o que desejam, como fazem os da classe A. Portanto, para a classe B, a embalagem precisa valorizar o que está sendo desejado e adquirido, uma vez que esse é um critério de avaliação bastante utilizado pelos consumidores dessa classe.

Para os consumidores das classes C e D, o principal valor da embalagem está associado ao respeito por sua condição socioeconômica e pela inclusão que ela propicia. Esses consumidores se sentem valorizados ao depararem com produtos que têm boas embalagens e que eles conseguem comprar. São pessoas que têm o anseio de serem incluídas, tratadas como os demais consumidores, não querendo sofrer discriminação pelas embalagens dos produtos que consomem.

Os três principais valores da embalagem para o consumidor

1. Benefícios concretos percebidos.
   São dois os valores percebidos: valor de uso e valor de ter. Um repelente de insetos propicia o benefício de evitar que a pessoa seja atacada pelos insetos, um detergente de cozinha elimina a sujeira e a gordura, um xampu anti-caspa deixa os cabelos livres das incômodas caspas e assim sucessivamente. São valores de uso inequívocos. Já um canivete suíço propicia o valor de oferecer várias ferramentas que, mesmo sem nunca serem utilizadas, trazem a sensação de ter esses recursos à mão. O mesmo acontece, por exemplo, com os temperos que compramos e nunca usamos. Eles estão ali como uma possibilidade de um dia, quem sabe, prepararmos aquela receita especial. No valor de ter está incluído o valor de ostentar, o valor de afirmar que se pode comprar o uísque mais caro da prateleira, o perfume mais caro da loja etc.
2. O valor subjetivo se refere aos produtos que nos emocionam, evocam lembranças, épocas, momentos e acontecimentos bons. São ligados a atividades que nos são importantes e nos dão prazer, atendem a necessidades emocionais, estéticas e sentimentais. Seu valor é intangível, mas não menos importante.
   A beleza é um desses valores. As formas, cores e imagens associadas ao produto na embalagem constituem um valor genuíno, reconhecido pelo consumidor, e não apenas um ornamento estético agradável.
3. Inovação é valor.
   Por surpreender, por tornar o consumidor alguém que está por dentro do que está acontecendo de mais atual, por ser uma afirmação da contemporaneidade, que traz distinção e personalidade, a inovação é reconhecida pelo consumidor que deseja experimentá-la. A inovação tem a força do futuro, de ligar o consumidor aos que andam à frente. A novidade

exerce forte atratividade, por se sobrepor ao que já era, já estava e ao que já ficou para trás.

Valor para a empresa é o que traz resultados

O segundo agente em importância no processo é a empresa usuária de embalagem e, para ela, a embalagem assume uma equação bastante ampla: vai de quanto proporciona de proteção ao produto, garantindo sua conservação e integridade, permitindo que seja transportado e chegue aos consumidores em perfeitas condições de consumo, até quanto agrega de custo ao produto, pois isso tem influência direta em sua performance competitiva. Aspectos relacionados à conquista e à preferência do consumidor também são relevantes e, para as detentoras de marcas fortes em seu portfólio, a contribuição da embalagem na construção da imagem de marca tem peso muito significativo.

A competitividade do produto propiciada pela embalagem e sua utilização como ferramenta de marketing ainda são levadas em conta por um número pequeno de empresas, mas esse é um aspecto que também precisa ser considerado.

Para essas empresas, a embalagem possui um valor estratégico, uma vez que exerce impacto direto no desempenho do negócio, embora a maioria delas ainda não tenha consciência clara de como isso acontece.

Para o varejo, valor é o que ajuda a vender mais

Para o varejo, a embalagem é tudo, porque é assim que seus dirigentes se referiram a ela na pesquisa realizada em parceria com a APAS (Associação Paulista de Supermercados) pelo Comitê de Estudos Estratégicos da Abre. Para esses especialistas no consumo, a boa embalagem tem o poder de fazer o *show* acontecer nas gôndolas, sendo decisiva para o processo de decisão dos consumidores. Eles desejam receber os produtos em embalagens de transporte que vão direto para as prateleiras, reduzindo o trabalho dos repositores.

Quem corta os preços ou os faz elevar no ponto-de-venda é o supermercado, não o fabricante do produto.

Há categorias em que todos os concorrentes chegaram ao mesmo tipo e padrão de embalagem. Nessa situação, quem tem marca forte leva vantagem.

O custo da embalagem multipack representa um acréscimo ao custo original da cerveja, mas tente apanhar com as mãos meia dúzia de garrafas de uma vez só...

A marca Swift lançou uma série de produtos que estão ressuscitando uma categoria muito reduzida no Brasil.

Lançou uma nova lata com tampa easy open, que dispensa abridor de latas, e aposentou a 'chavinha'.

E uma nova tecnologia de stand up pouche, que vai na autoclave, no microondas e dispensa refrigeração. Tudo para agregar valor à marca e aos produtos.

Como vimos, para cada um desses agentes, a embalagem assume um valor diferente e específico. Como nosso trabalho está voltado aos profissionais responsáveis pela embalagem nas empresas, dirigiremos nossa análise da equação ao valor que ela tem para o consumidor e para as empresas usuárias.

Equação de valor da embalagem

O que, afinal, tem valor para o consumidor? Como descobrir isso?

Sabemos que, para o consumidor, valor é aquilo que ele percebe, variando em cada categoria de produto. Quando, recentemente, participei de um projeto de design para um champanhe popular, descobri que o valor que os consumidores das classes C e D atribuem/percebem nesse tipo de bebida é *a possibilidade de comemorar com um produto que eles conseguem comprar*, ou seja, a possibilidade de comemorar é o principal valor percebido, existindo ainda uma escala de valor mais elevada nessa categoria que é descrita como a possibilidade de comemorar com um champanhe igual ao da novela. Nesse exemplo, percebemos que as referências podem estar fora dos atributos do produto e incluir outras tão fora do produto como uma cena de novela.

Assim, a maneira correta de aferir o valor que o consumidor atribui ao produto é realizar uma pesquisa para conhecer sua relação com o produto e a maneira como a embalagem contribui para transmitir esse valor.

A pesquisa é o ponto de partida para a equação de valor da embalagem para o consumidor. Com base nesse conhecimento, é possível estabelecer referências confiáveis para trabalhar no desenvolvimento de embalagens que oferecem aquilo que o consumidor considera de valor. Mesmo a empresa usuária, a indústria de embalagem e o varejo precisam estar atentos ao consumidor, pois ele é o senhor do fato econômico e deve estar no centro de todo o planejamento estratégico. As empresas só têm a ganhar conhecendo melhor o consumidor, seus anseios, necessidades, hábitos e atitudes relacionados à aquisição e utilização dos produtos.

Custo não é valor, se assim não for percebido

Algo que ficou claro neste trabalho é que a redução de custos de embalagem não pode ser a única estratégia da empresa. Embora domine amplamente as atividades relacionadas ao tema e mobilize a atenção da ampla maioria dos profissionais da área, conforme demonstrou a pesquisa do Núcleo de Estudos da Embalagem da ESPM, a redução de custo da embalagem nem mesmo pode ser considerada uma estratégia, mas sim uma necessidade da competição de mercado. A empresa que investe apenas nessa redução de custos como forma de se tornar mais competitiva no mercado, está se arriscando a ver seus produtos perderem valor e prestígio para os consumidores, sobretudo porque os fabricantes dos produtos não têm como garantir o preço pelo qual o produto será vendido no ponto-de-venda. Quem faz o preço final é o varejo, que pode ficar com o diferencial conseguido na redução de custo, como já acontece em várias ocasiões. O fabricante faz um grande esforço, tornando sua embalagem mais barata para reduzir o preço do produto ao consumidor, mas não pode garantir que, no final, isso realmente aconteça, pois quem fabrica não faz o preço final de venda. Com freqüência, vêem-se fabricantes reduzirem o conteúdo ou o peso de produtos para reduzir o desembolso do consumidor, sem que, na realidade, isso aconteça no final do processo. Muitos desses fabricantes foram acusados de fraudar o consumidor quando, na verdade, reduziram o conteúdo ou o peso de um produto e seu preço de venda, mas isso não chegou ao consumidor. É sempre um risco para a empresa apostar todas as fichas nesse caminho. Isso ocorre porque qualquer estratégia que retire valor do consumidor está fadada ao fracasso.

A equação de valor da embalagem

Existe uma fórmula estabelecida internacionalmente, e utilizada por grandes multinacionais, que qualifica as mudanças destinadas a alterar o valor oferecido ao consumidor em seis níveis diferentes, conforme a equação resultante de cada uma das mudanças. A Tabela 15.1, a seguir, quantifica as mudanças e pode ser adotada também para a embalagem, tanto nas empresas usuárias como na Indústria de Embalagem. A análise dos resultados obtidos nessa tabela ajuda a

Tabela 15.1 **A equação de valor da embalagem**

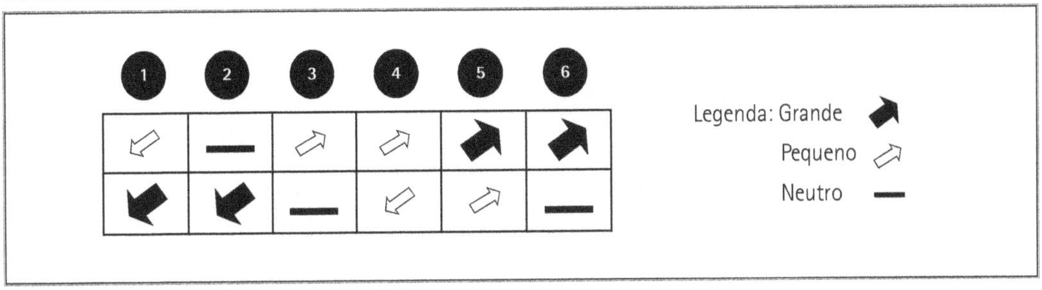

Cuidado: é muito perigoso retirar valor percebido pelo consumidor.

compreender melhor o que estamos realmente transferindo ao consumidor e o reflexo que isso pode ter na competitividade de nosso produto, lembrando que existe apenas uma alternativa da qual se retira valor do consumidor e isso só acontece quando, em troca, oferecemos uma grande redução do custo final do produto.

1. Mudança que traz uma pequena redução de valor ao consumidor com uma grande redução de custo da embalagem.
2. Mudança que não traz redução de valor ao consumidor, mas promove uma grande redução no custo da embalagem.
3. Mudança que traz um pequeno incremento de valor ao consumidor sem aumento no custo da embalagem.
4. Mudança que traz um pequeno incremento de valor ao consumidor sem redução de custo da embalagem.
5. Mudança que traz um grande incremento de valor ao consumidor com um pequeno aumento no custo da embalagem.
6. Mudança que traz um grande incremento de valor ao consumidor sem aumento de custo na embalagem.

Na Tabela 15.1 podemos observar a amplitude do espectro de mudanças consideradas positivas, partindo da menos positiva para a mais positiva. O ideal é buscar sempre as mudanças que aumentem o valor transferido ao consumidor, lembrando que esse valor é aquele que o consumidor percebe, e não necessariamente o que consideramos melhor para ele.

A redução de custo que retira valor ao consumidor deve ser evitada, pois representa uma alternativa que traz risco, uma vez que a redução pode não chegar até ele, e a redução de valor é sempre percebida e considerada negativamente, muitas vezes vista como ofensiva pelo consumidor.

Recentemente, um produto líder de mercado perdeu sua posição ao promover uma redução de custo de embalagem, que resultou em perda de valor ao consumidor. A liderança é o mais vantajoso posicionamento de marketing e sua perda constitui uma tragédia para qualquer empresa, pois recuperá-la exige esforço e investimento.

É difícil remar contra a corrente, mas não podemos deixar de alertar os gestores de embalagem, que desejam realmente gerir esse recurso de forma estratégica, para que reflitam sobre essas afirmações e evitem se deixar arrastar pela ditadura do pensamento único, que acredita ser a redução de custo o único caminho para a empresa competir no mercado.

Em muitos casos, um pequeno aumento de custo na embalagem traz mais valor percebido ao produto e gera resultados surpreendentes. O caso dos cartuchos para impressoras lançados pela Hélios é exemplar nesse sentido. A embalagem em PVC transparente, que substituiu o cartucho de papel-cartão, aumentou cinco vezes o custo da embalagem e representou um aumento de 7% no custo final do produto. Esse custo foi repassado ao consumidor e as vendas aumentaram 30%, com ganhos para a marca, que passou a ser percebida como inovadora e detentora de qualidade superior aos produtos das marcas de menor valor.

O foco da equação de valor deve estar sempre no consumidor, porque é para ele que a empresa produz. Agregar valor percebido à embalagem transfere valor ao produto e à marca, sendo uma estratégia que sempre melhora a competitividade.

O EXEMPLO DA EMBALAGEM DE MARCA PRÓPRIA

Durante duas décadas, as embalagens de marcas próprias tentaram se posicionar no mercado como uma alternativa competitiva às marcas tradicionais sem obterem sucesso. A marca própria no Brasil não alcançou ainda os dois dígitos de participação, mas em países como a Inglaterra sua participação está na casa dos 50% e no resto da Europa e nos Estados Unidos a marca própria já representa um percentual importante do mercado. Ao tentar compreender o porquê dessa disparidade, uma vez que em nosso mercado se encontram importantes redes internacionais de supermercados, como Carrefour, Wal-Mart, Cassino, entre outras, tínhamos dificuldade em encontrar a causa dessa diferença tão grande de participação.

No entanto, recentemente, o mistério afinal foi revelado e a hipótese que consideramos, e sobre a qual já escrevemos antes, foi confirmada. A marca própria no Brasil não deslanchava porque suas embalagens eram muito inferiores às embalagens das marcas tradicionais e isso estigmatizava os consumidores que as compravam, uma vez que deveriam abrir mão do padrão normal do mercado para adquiri-las. Era como se eles fossem consumidores de segunda classe, que não mereciam ser tratados como as empresas regulares líderes do mercado tratavam seus consumidores. Os brasileiros deixaram claro nas pesquisas que não aceitam esse tipo de tratamento e desejam ser tratados como consumidores de primeiro mundo. Sendo assim, não aceitavam esse tipo de embalagem, mantendo baixa a participação da marca própria em nosso mercado.

Esse cenário começou a mudar há alguns anos, quando a rede Pão de Açúcar decidiu investir no design de suas embalagens, adotando um padrão visual semelhante ao utilizado pelas embalagens inglesas. O novo design tornou as embalagens bonitas e atraentes, com um padrão de nível equivalente às demais. Os resultados animadores fizeram com que a rede prosseguisse nessa direção e as vendas aumentassem.

Diante disso, seu concorrente também se moveu, desenvolvendo um amplo programa de design que obteve o mais retumbante sucesso. O *case* das embalagens de

Lata de aço para microondas. Uma forma eficiente de agregar valor à carne brasileira e vencer as barreiras sanitárias, pois seu conteúdo é esterilizado no processamento por autoclave.

Lata quadrada com tampa easy open de alumínio. Economia de espaço com ganho logístico e melhor performance no ponto-de-venda.

Caixa de papelão com dobra programada para facilitar o descarte.

marca própria do Carrefour foi apresentado na revista da ESPM e demonstrou claramente, pelo expressivo aumento nas vendas, que o design tem impacto também nesse segmento, sendo, como podemos observar, um fator decisivo. O aumento médio de vendas alcançado pelas novas embalagens do Carrefour superou a casa dos 100%, havendo itens que obtiveram aumento de mais de 500%.

O impacto do design ficou amplamente comprovado nesse caso, o que nos faz concluir que os conceitos e princípios da Gestão Estratégica de Embalagem se aplicam perfeitamente a esse tipo de embalagem, faltando apenas as redes de supermercado adotarem também os recursos que complementam o programa. Essas redes precisam de um programa de inovação, sendo até muito mais ágeis que seus concorrentes, pois seus lançamentos vão direto para o ponto-de-venda, podendo ser mais experimentais, uma vez que não há necessidade de convencer outras empresas a colocar no mercado embalagens inovadoras e diferenciadas, que sempre trazem o risco de não serem bem aceitas.

Na utilização da embalagem como ferramenta de marketing, essas empresas podem ser mais ousadas, porque são proprietárias do ponto-de-venda, podendo oferecer a seus produtos uma exposição privilegiada. Um programa promocional permanente seria muito eficiente nesse caso, aproximando-as dos demais concorrentes que utilizam regularmente suas embalagens para conduzir promoções e ações de comunicação.

A Gestão Estratégica de Embalagem é uma ferramenta eficaz também para atingir esse objetivo e, para isso, os supermercados precisam de profissionais treinados para participar mais das decisões estratégicas que envolvem suas embalagens.

A questão ambiental e a embalagem

Como profissionais da embalagem precisamos entrar nesse assunto com uma abordagem técnica e dar a verdadeira importância que ele merece, pois a embalagem vem sendo atacada de todas as formas como um dos maiores inimigos do meio ambiente e da vida no planeta. Virou certeza de sucesso fácil falar mal da embalagem e muitos têm se dedicado a essa tarefa com bastante entusiasmo, colhendo aplausos em todos os lugares. Não aprofundarei o tema, em razão de sua complexidade e também porque fugiria de nosso conteúdo principal.

Este livro se dirige aos profissionais da área e aos que nela pretendem atuar. Recomendo a todos que procurem estudar com afinco esse tema, pois ele dominará as discussões nos próximos anos.

A questão ambiental e as embalagens ecologicamente corretas deixaram de ser objeto da preocupação institucional e de marketing das empresas para se transformar numa questão estratégica, pois pode inviabilizar sua atuação, tanto pela aplicação de leis restritivas como pela ação de grandes empresas que estão exigindo de seus fornecedores o cumprimento de regras específicas relacionadas à questão ambiental.

Estudos estratégicos do setor indicam que existe já uma certeza em relação ao futuro. Sabemos que existirão no planeta mais pessoas, mais empresas, mais produtos e mais embalagens. Todos precisam trabalhar e produzir; por isso, a reciclagem é o caminho mais seguro de investimento, pois, além de reduzir o impacto da embalagem no meio ambiente, gera trabalho e recupera valor econômico.

EXERCÍCIO DE APLICAÇÃO

Para aqueles que desejarem aprofundar seu entendimento na metodologia e para os que quiserem utilizá-la em trabalhos escolares de conclusão de curso e outros estudos, segue um roteiro para a realização de um exercício de aplicação.

Introdução

O objetivo deste exercício é permitir a aplicação prática da metodologia num projeto real, passando por todas as etapas. O ideal é que se escolha um produto ou uma linha com a qual se tenha alguma afinidade, assim como acesso às informações que possam ajudar no projeto. Os estudantes não precisam necessariamente realizar a etapa industrial visitando a linha de envase de uma fábrica, embora isso seja importante. A visitação a feiras industriais do setor, em muitos casos, permite conhecer o tipo de equipamento utilizado nessas linhas e seu funcionamento. A visita às indústrias que fabricam a embalagem trabalhada no projeto também ajuda muito.

Enfim, podemos realizar o exercício em vários níveis de profundidade, conforme nossa disponibilidade e maior ou menor facilidade de acesso a indústrias e outros estabelecimentos auxiliares à pesquisa.

Bom trabalho!

Programa de Inteligência de Embalagem® para um produto ou linha de produtos selecionados para o exercício

O programa completo do exercício consiste nos seguintes passos:

1. Briefing do projeto
2. Diagnósticos
3. Montagem das estratégias

Embalagem de aço expandido com formato diferenciado.

Embalagens cartonadas assépticas.

Embalagem de papel-cartão multipack com oito latas do mercado norte-americano.

4. Fixação do objetivo central do programa
5. Definição das ações nos subprogramas
6. Programa de Inteligência de Embalagem®

Briefing para o exercício de aplicação

Este briefing tem por objetivo servir de referência para a elaboração de um programa na forma de exercício de aplicação dos conceitos e da metodologia apresentada neste livro.

Trata-se de uma simulação em que assumimos que vamos desenvolver o programa para um dos produtos existentes na categoria (neste caso, a categoria 'atomatados').

Neste projeto somos os responsáveis pelas embalagens na empresa fabricante deste produto e devemos elaborar um Programa de Inteligência de Embalagem® seguindo passo a passo a metodologia.

Quem deseja realmente se aprofundar nos conhecimentos necessários à Gestão Estratégica de Embalagem deve fazer o exercício, pois assim fica muito mais fácil compreender seu funcionamento e o alcance de sua proposta.

Na falta de alguém que possa passar o briefing, deve-se montar um fictício na tentativa de preencher os campos da melhor maneira possível com as informações que conseguirmos recolher em diversas fontes.

Descrição da categoria

Categoria 'atomatados'

Temos utilizado em aula um exercício de análise desta categoria de produtos, pois sua diversidade interna, composta por cinco subcategorias que utilizam pelo menos quatro tipos de materiais de embalagem diferentes, torna o trabalho dos alunos mais rico e interessante. Por isso, vamos passar um briefing para aqueles que desejam utilizá-lo no exercício.

Escolha um produto ou linha de produtos da categoria e desenvolva o Programa de Inteligência de Embalagem®.

Um dos alimentos mais populares e utilizados no mundo, o tomate é, na verdade, um fruto, não um vegetal. Entre todos, é o mais produzido no mundo (87 milhões de toneladas por ano), sendo que, dessa produção, 34 milhões de toneladas são processadas, daí sua grande presença na culinária e o espaço destacado que ocupa nas gôndolas dos supermercados. Sua categoria é composta de extrato, polpa, purê, refogados, molhos e ketchup, cada uma com suas características de preparo e utilização.

Para simplificar nosso estudo, vamos nos restringir apenas a três subcategorias: extrato, polpa e molhos.

Extrato

O mais antigo e tradicional dos produtos de tomate é utilizado há mais de cem anos como ingrediente para o preparo das receitas. Por ser superconcentrado, ele rende mais, dá mais cor e sabor aos pratos e exige algum conhecimento de culinária para sua utilização, pois os novos consumidores estão perdendo a *expertise* na cozinha e preferem produtos pronto para o consumo ou mais fáceis de preparar. É utilizado principalmente por consumidores tradicionais com mais idade e pelas classes mais baixas da população – mulheres com filhos, 28 anos ou mais, classes C e D.

Produção anual Brasil → 155.000 toneladas = 0,9 kg por habitante

Polpa e purê

A diferença entre polpa e purê está apenas na consistência. Para simplificar nosso exercício, vamos considerá-las uma única subcategoria.

A polpa e o purê são bem mais suaves que o extrato e por isso não acrescentam tanta cor ou sabor aos alimentos e funcionam como ingredientes para preparo de molhos, sendo utilizados também como base ou cobertura de diversos pratos. Como não têm nenhum tempero e são suaves, eles entram como complementos nas receitas. São, na verdade, facilitadores na cozinha, pois é o tomate limpo, picado e batido no liquidificador.

São amplamente utilizados por consumidores de todas as classes sociais (A, B e C).

Produção anual Brasil → 90.000 toneladas = 0,4 kg por habitante

Molhos

Os molhos são preparados à base de tomate com tempero e ingredientes agregados, prontos para servir, bastando esquentar ou simplesmente despejar nas receitas finalizadas.

É o mais moderno dos produtos, representando a praticidade e conveniência dos alimentos prontos.

Adotado pelos consumidores mais jovens, mulheres com e sem filhos, público *single* das classes A e B.

Produção anual Brasil → 150.000 toneladas = 0,8 kg por habitante

Procedimento

O exercício pode ser realizado em apenas uma das subcategorias ou nas três. O restante do briefing deve ser preenchido a partir das embalagens e dos dados já fornecidos, ficando as outras informações necessárias dependentes de busca em outras fontes.

☐	Produtos / embalagem	⊙	Objetivos mercadológicos
◺	Concorrência / mercado	⬡	Consumidor

PRODUTO E EMBALAGEM

Escolha uma marca para ser trabalhada e descreva detalhadamente o produto e sua embalagem, procurando entender bem o produto e as características técnicas e de produção de sua embalagem.

Em caso de dúvidas, recorra a quem pode informar ou faça pesquisas para buscar a informação.

OBJETIVOS MERCADOLÓGICOS

Estabeleça como objetivo mercadológico para o projeto a conquista da vantagem competitiva na categoria por meio da utilização intensiva da embalagem.

CONCORRÊNCIA E MERCADO

Proceda a ánalise da concorrência, procurando compreender seu posicionamento e a maneira como está competindo. Descreva suas características, pontos fortes e fracos. Procure levantar informações sobre o mercado pesquisando nas publicações e sites especializados e obtendo informações nos sites das empresas fabricantes dos produtos concorrentes.

CONSUMIDOR

Apresentamos uma informação sumária sobre o consumidor na descrição dos produtos citados. Procure agregar mais informações sobre como ele utiliza o produto, suas principais aplicações, e tente conhecer sua maneira de escolher e o que valoriza no produto.

A relação do consumidor com o produto é determinante no processo de escolha que acontece no ponto-de-venda.

CONCLUSÃO DO BRIEFING

As informações sumárias apresentadas servem de base para a elaboração de trabalhos escolares e ajudam os estudantes como um roteiro básico para a elaboração de um briefing similar, caso desejem trabalhar com outro tipo de produto. O procedimento é o mesmo e pode ser seguido buscando-se as informações nas várias fontes mencionadas.

CONCLUSÃO

Aos leitores que chegaram até aqui queremos apresentar uma conclusão deste trabalho que os ajude a prosseguir e implantar Programas de Inteligência de Embalagem® nas empresas onde atuam.

A parte mais importante de tudo o que apresentamos é a nova visão sobre o Sistema de Embalagem e sua utilização. Enxergar a embalagem como um sistema multidisciplinar e compreender as possibilidades de utilização desse sistema como uma ferramenta estratégica de competitividade constitui o primeiro passo. Saber aplicar os conceitos e a metodologia básica aqui apresentada é a tarefa que pretendemos instrumentalizar.

Acreditamos sinceramente que aqueles que compreenderem o sistema e se propuserem a aplicar a metodologia da Inteligência de Embalagem® obterão resultados expressivos, que podem ser mensuráveis desde que se adotem, já no início do projeto, mecanismos de registro dos números encontrados na partida do programa e que com ele evoluam conforme as ações são realizadas.

A aplicação da metodologia exige disciplina e dedicação e só poderá ser feita por aqueles que compreenderem sua importância e significado.

A exemplo do que aconteceu com o livro *Design de embalagem — curso básico*, cuja metodologia vem sendo aplicada com sucesso em agências de design, escolas e empresas têm comprovado a eficiência de seu método também aqui. Estamos diante de uma proposta que vem apresentando bons resultados na indústria de embalagem desde 1998, e agora, em sua versão voltada para a aplicação nas empresas usuárias de embalagem, começa a mostrar seus resultados.

Ao criarmos o curso de pós-graduação em Gestão Estratégica de Embalagem na ESPM tomamos o cuidado de apresentar sua proposta ao corpo técnico de embalagem de algumas empresas importantes do mercado e também de expor seus conceitos em palestras e seminários em várias regiões do país, submetendo-os à avaliação crítica de muitos profissionais da área que atuam no mercado.

Em todas essas ocasiões nosso objetivo era divulgar a Inteligência de Embalagem® e recolher as impressões, dúvidas e eventuais críticas sobre sua pertinência.

Uau! O pacote todo tem só 100 calorias!

Papel reciclado com embalagem transparente.

Tintura para cabelo masculina. Novos paradigmas.

Acompanhamos manifestações de especialistas do mercado, de forma a aperfeiçoar, ajustar e melhorar o conteúdo desenvolvido, o que nos levou a incluir no curso a disciplina de Gestão de Projetos como auto dessas observações.

Como se trata de um curso de pós-graduação, tivemos a felicidade de ter entre os alunos das quatro turmas iniciais profissionais qualificados atuando em posições que os permitiram contribuir para a formação do curso e para seu aperfeiçoamento.

Assim, concluímos que a proposta da Inteligência de Embalagem® vem abrir uma nova perspectiva para aqueles que desejam se aplicar nessa metodologia, expandindo sua visão e o alcance de seu trabalho.

Nossa intenção é contribuir com a evolução da embalagem em nosso país, causa que abraçamos e a qual temos nos dedicado de corpo e alma há mais de vinte anos.

Um novo profissional, uma nova metodologia.
Este é o nosso desafio.

REFERÊNCIAS BIBLIOGRÁFICAS

AMBRÓSIO, V. *Plano de marketing*. São Paulo: Pearson, 2007.

BARBIERI, J. *Organizações inovadoras*. Rio de Janeiro: FGV, 2003.

BARROS, L. *A cor no processo criativo*. São Paulo: Senac, 2006.

CAVALCANTI, P.; CHAGAS, C. *História da embalagem no Brasil*. São Paulo: Abre, 2006.

CHETOCHINE, G. *Buzz marketing*. São Paulo: Pearson, 2005.

CLIFF, S. *50 trade secrets of great design packaging*. Beverly: Rockport, 2002.

COUPLAND, K. *Graphis web design now*. New York: Graphis, 2000.

DE SIMONI, *João. Marketing promocional*. São Paulo: Pearson, 2007.

HOLT, S. S.; LUPTON, E.; ALBRECHT, D. *Design culture now: National design triennial*. London: Laurence King, 2000.

HOOLEY, G.; SAUNDERS, J.; PIERCY, N. *Estratégia de marketing e posicionamento competitivo*. São Paulo: Pearson, 2006.

KEEGAN, J. *Inteligência na guerra*. São Paulo: Companhia das Letras, 2006.

KELLER, K.; MACHADO, M. *Gestão estratégica de marketing*. São Paulo: Pearson, 2005.

KELLEY, T. *The art of inovattion*. New York: Currency, 2000.

KLUYVER, C.; CORNELIUS, A.; PEARCE II, A. *Estratégia: uma visão executiva*. São Paulo: Pearson, 2006.

LEITE, P. *Logística reversa*. São Paulo: Pearson, 2006.

MESTRINER, F. *Design de embalagem: curso básico*. 2. ed. São Paulo: Makron Books, 2001.

___________. *Design de embalagem: curso avançado*. 2. ed. São Paulo: Pearson, 2005.

MEYERS, H.; GERTSMAN, R. *The visionary package*. New York: Interbrand, 2005.

OGDEN, J.; CRESCITELLI, E. *Comunicação integrada de marketing*. São Paulo: Pearson, 2007.

PERES, C. *Signos da marca*. São Paulo: Thomson, 2004.

RIES, A.; TROUT, J. *As 22 consagradas leis do marketing*. São Paulo: Pearson, 1993.

______________. *Foco: uma questão de vida ou morte para sua empresa*. São Paulo: Pearson, 2005.

RIES, A.; TROUT, J. *Posicionamento: a batalha por sua mente.* São Paulo: Pearson, 2005.
SAMARA, B.; MORSCH, M. *Comportamento do consumidor.* São Paulo: Pearson, 2005.
STEWART, B. *Packaging design strategy.* Surrey: Pira Internacional, 1994 (Pira Packaging Guide Series).
VOLPI, A. *História do consumo no Brasil.* Rio de Janeiro: Elsevier, 2007.

SOBRE O AUTOR

Fabio Mestriner

Designer com 33 anos de experiência profissional

Sempre trabalhei com desenho.

Desde a juventude, quando comecei pintando letras nas paredes de lojas e casas comerciais em Ribeirão Preto (SP), onde nasci, venho me dedicando a essa atividade. Fazia muitas histórias em quadrinhos, mas minha estréia na carreira profissional ocorreu em uma agência de propaganda, onde dei os primeiros passos no aprendizado do design gráfico. A partir daí, não parei mais de trabalhar e desenhar.

Uma experiência fundamental para aprofundar meus conhecimentos nessa área foi o trabalho desenvolvido durante cinco anos como assessor técnico da divisão de artes gráficas na Imprensa Oficial do Estado de São Paulo, onde tive a oportunidade de passar do estúdio à indústria, conhecendo os dois lados da atividade.

Meu trabalho com embalagem começou em 1987, quando assumi a direção de design da Seragini, Young & Rubicam. Em 1994, fundei minha própria empresa, a Packing, onde desenvolvi um intenso trabalho até 2006, quando me desliguei para me concentrar no ensino do design de embalagem, área a que me dedico há vinte anos.

Paralelamente às atividades profissional e empresarial, atuei como professor, ministrando cursos e seminários. Na ESPM, leciono há quase quinze anos e, na Escola de Engenharia Mauá, estou há seis anos.

Sempre procurei contribuir com a profissão que escolhi por meio da participação em várias entidades, entre elas a Associação Brasileira de Embalagem (Abre), onde ingressei em 1998 na Coordenação do Comitê de Design, assumindo quatro anos depois a presidência, cargo que ocupei até 2006. Nessa posição, fui o representante do Brasil na World Packaging Organisation

(WPO). Hoje, sou o diretor e o coordenador do Comitê de Estudos Estratégicos da Abre e Conselheiro do Comitê de Inovação e Design do World Trade Center (WTC).

Participei do grupo de trabalho que escreveu o Programa Brasileiro de Design (PDB) e fui curador setorial de embalagem na Bienal Brasileira de Design. Escrevi os livros *Design de embalagem: curso básico* e *Design de embalagem: curso avançado*, obras didáticas adotadas por mais de trinta universidades do país.

Trabalho na Escola Superior de Propaganda e Marketing (ESPM) coordenando o Núcleo de Estudos da Embalagem e o curso de pós-graduação em Gestão Estratégica de Embalagem. Nessa jornada, tenho ministrado cursos, seminários e realizado palestras por todo o Brasil, divulgando a importância da embalagem, principalmente para as pequenas empresas.

Escrevi este livro para servir de material didático e contribuir na difusão do conceito de utilização da embalagem como ferramenta de competitividade das empresas, tema ao qual me dedico, por acreditar que as empresas brasileiras precisam de boas embalagens para agregar valor a seus produtos e melhorar sua competitividade aqui e no exterior.

Atualmente, dedico-me à Inteligência de Embalagem®, conceito que desenvolvi em 1998, mas que só recentemente foi formatado como metodologia para a condução de projetos na área. Especializei-me no assunto e venho desenvolvendo projetos de aplicação dessa metodologia.

A Inteligência de Embalagem® está abrindo uma nova fronteira para a utilização da embalagem como ferramenta estratégica de competitividade e me sinto feliz por estar trabalhando há tantos anos nessa atividade, e com o olhar ainda voltado para o futuro.

Essa é uma das embalagens que o autor se orgulha de ter desenhado.

CADASTRO PARA MALA-DIRETA

Favor preencher todos os campos

★ Devolvendo-nos este cadastro preenchido, você passará a receber informações dos nossos lançamentos, nas áreas que determinar. **INVISTA EM SEU FUTURO PROFISSIONAL.**

Nome completo (não abreviar):

C.P.F.: **R.G.:**

Endereço para correspondência:

Bairro: **Cidade:** **UF:** **Cep:** –

Telefone: **Celular:** **E-mail:** **Sexo:** F ☐ M ☐

1. Escolaridade:

- ☐ Ensino fundamental
- ☐ Ensino médio
- ☐ Ensino superior
- ☐ Pós-Graduação
- ☐ MBA
- ☐ Mestrado
- ☐ Doutorado
- ☐ Outros (especificar): ____________

Quantos livros técnicos compra por mês?: ____________ por ano? ____________

2. Área de Interesse:

- ☐ 1. Informática
- ☐ 2. Marketing
- ☐ 3. Vendas
- ☐ 4. Administração
- ☐ 5. Economia
- ☐ 6. Recursos Humanos
- ☐ 7. Qualidade/Produtividade
- ☐ 8. Psicologia
- ☐ 9. Eng. Elétrica/Eletrônica
- ☐ 10. Engenharia Civil
- ☐ 11. Engenharia Mecânica
- ☐ 12. Comércio Exterior
- ☐ 13. Engenharia Química
- ☐ 14. Ecologia
- ☐ 15. Telecomunicações
- ☐ 16. Publicidade/Propaganda
- ☐ 17. Turismo
- ☐ 18. Ensino/Educação
- ☐ 19. Contabilidade
- ☐ 20. Finanças
- ☐ 21. Matemática
- ☐ 22. Outros (especificar): ____________

3. Profissão/Ocupação:

- ☐ 1. Presidente
- ☐ 2. Supervisor
- ☐ 3. Diretor
- ☐ 4. Gerente
- ☐ 5. Analista
- ☐ 6. Programador
- ☐ 7. Empresário
- ☐ 8. Consultor
- ☐ 9. Digitador
- ☐ 10. Estudante
- ☐ 11. Professor
- ☐ 12. Aposentado
- ☐ 13. Outros (especificar): ____________

Obra: Gestão Estratégica de Embalagem

Autoria: Fabio Mestriner

PEARSON Prentice Hall

Av. Ermano Marchetti, 1435
05038-001 - São Paulo - SP - Brasil
Fone: (11) 2178-8686
e-mail: vendas@pearsoned.com

DOBRE AQUI E COLE

ISR - 40 - 1248/89
UP - AC - ITAIM BIBI
DR/São Paulo

CARTA-RESPOSTA

NÃO É NECESSÁRIO SELAR

O selo será pago por

Pearson Education do Brasil Ltda.

04533-970 - São Paulo - SP

DOBRE AQUI